La Biblia, Un Acto De Amor

Tuya es, Jehová,
la magnificencia y el poder,
la gloria, la victoria y el honor;
porque todas las cosas que están
en los cielos y en la tierra son tuyas.
Tuyo, Jehová, es el reino,
y tú eres excelso sobre todos.

1 CRÓNICAS 29:11

Compre este libro en línea visitando www.trafford.com/07-2387
o por correo electrónico escribiendo a orders@trafford.com

La gran mayoría de los títulos de Trafford Publishing también
están disponibles en las principales tiendas de libros en línea.

Editado por: José Toledo Toledo
Fotografía por: Alex C. Perdomo

Aviso a Bibliotecarios: La catalogación bibliográfica de este libro se encuentra en la base de datos de la Biblioteca y Archivos del Canadá. Estos datos se pueden obtener a través de la siguiente página web: www.collectionscanada.ca/amicus/index-e.html

ISBN: 978-1-4251-5386-1

En Trafford Publishing creemos en la responsabilidad que todos, tanto individuos como empresas, tenemos al tomar decisiones cabales cuando estas tienen impactos sociales y ecológicos. Usted, en su posición de lector y autor, apoya estas iniciativas de responsabilidad social y ecológica cada vez que compra un libro impreso por Trafford Publishing o cada vez que publica mediante nuestros servicios de publicación. Para conocer más acerca de cómo usted contribuye a estas iniciativas, por favor visite:http://www.trafford.com/publicacionresponsable.html

Nuestra misión es ofrecer eficientemente el mejor y más exhaustivo servicio de publicación de libros en el mundo, facilitando el éxito de cada autor. Para conocer más acerca de cómo publicar su libro a su manera y hacerlo disponible alrededor del mundo, visítenos en la dirección www.trafford.com/4501

www.trafford.com/4501

Para Norteamérica y el mundo entero
llamadas sin cargo: 1 888 232 4444 (USA & Canadá)
teléfono: 250 383 6864 • fax: 250 383 6804 • correo electrónico: info@trafford.com

Para el Reino Unido & Europa
teléfono: +44 (0)1865 722 113 • tarifa local: 0845 230 9601
facsímile: +44 (0)1865 722 868 • correo electronico: info.uk@trafford.com

10 9 8 7 6 5 4

La Biblia, Un Acto De Amor

A mi compañero en esta vida: Alejandro Perdomo Arufe
A los frutos de nuestro amor: Gabriel, Melisa y Katerina
A mis consejeros en esta vida: Neville e Hilda

"LA EXPOSICIÓN DE TUS PALABRAS ALUMBRA; HACE ENTENDER A LOS INGENUOS.
MI BOCA ABRÍ Y SUSPIRÉ, PORQUE ANHELABA TUS MANDAMIENTOS".
SALMO 119:130-131

Reconocimiento.

La mayor parte de este libro fue publicado anteriormente bajo el título de "La Ley, Un Acto de Amor". Mas su publicación fue limitada. Aunque Dios me había dado un gran interés para comunicar en palabras los conocimientos de la magnificencia inigualable que nos dejó en La Biblia, El no me dio el don de la escritura. Este libro cita aproximadamente 416 versículos Bíblicos.

Creo que es porque Dios quiere hacer énfasis en lo que El escribió en La Biblia y no en lo que los hombres podemos escribir de nuestro propio albedrío.

Nuestro Padre que tiene siempre un plan perfecto, trajo a mi camino a Enid y José Toledo Toledo, dos hermanos en la fe, que dispersan el amor de nuestro Señor Jesús. Para ellos es más importante servir a Dios viviendo en Su Palabra, que servir las religiones de los hombres. Papa Dios sí le había dado el don de la escritura a José, y con paciencia co-

rrigió este libro para la Gloria de nuestro Señor Jesús; mientras que su esposa Enid, nos exhortaba y alimentaba con deliciosas comidas.
Mi gratitud hacia el Espíritu Santo por haberlos movido a corregir la gramática y ortografía de "La Biblia, Un Acto de Amor". Sin ellos este libro no hubiera sido llevado a la publicación y distribución general.
¡Gracias hermanos Enid y José!
La Fe Salvadora siempre produce buenas obras.

Santiago 2:23-26

> Y se cumplió la Escritura que dice: Abraham creyó a Dios, y le fue contado por justicia; y fue llamado amigo de Dios.
> Veis, pues, que el hombre es justificado por las obras y no solamente por la fe.
> De igual manera, ¿no fue justificada también la prostituta Rahab por las obras, cuando recibió a los mensajeros y los envió por otro camino?
> Porque tal como el cuerpo sin el Espíritu está muerto, así también la fe sin obras está muerta.

Contenido

PRÓLOGO

En tiempos pasados, el mundo tenía muchos enemigos a quienes temer. La plaga bubónica, el tifo, la viruela, la tuberculosis, la lepra y hasta algo tan común como dar a luz un niño, eran realidades que amenazaban la vida del hombre en todo momento. Pero así como el tiempo cambia, también lo hacen nuestros enemigos. Ellos evolucionan con nosotros. Y ahora, que entramos en el siglo XXI d.C., nos encontramos que la causa de la muerte más común en el mundo es el ataque cardíaco. En el año 1998, La Organización Mundial de la Salud (WHO) publicó las 10 causas más comunes de muerte en el mundo:[1]

1. Enfermedades Isquémicas Cardíacas
2. Accidentes Cerebro Vasculares
3. Enfermedades Respiratorias Agudas

4. SIDA/Virus Humano de Inmunodeficiencia (+)
5. Enfermedades obstructivas del pulmón (Enfisema)
6. Diarreas
7. Condiciones Peri natales
8. Tuberculosis
9. Cáncer de las Vías Respiratorias
10. Accidentes de Tránsito

La tecnología avanza con los siglos, pasan los días y los años, y ésta trata de encontrar maneras de prevenir las enfermedades que hoy en día aniquilan a las personas por el mundo entero. ¡Éxito! La ciencia descubre un instrumento tras otro para evitar estas muertes prematuras, pero, ¿es en realidad descubrimiento? ¿O es re-descubrimiento?

¿Será posible que nosotros tuviéramos toda esta información de antemano por miles de años sin saberlo? O peor todavía, ¿la ignorábamos? ¿Poseían este conocimiento un grupo étnico pequeño y no lo sabían? ¿No lo entendían? ¿No lo compartían?

> **"¿Encubriré a Abraham lo que voy a hacer, habiendo de ser Abraham una nación grande y fuerte, y habiendo de ser benditas en él todas las naciones de la tierra?"**
>
> **Génesis 18:17-18**

Hace cuatro mil años una nación estaba por nacer, una nación que bendeciría a todas las naciones de la tierra. Quinientos años después fueron los depositarios de un tesoro científico, que prolongaría las vidas de los seres humanos en la tierra, por siglos venideros. Esta es una de las bendiciones entre tantas, que se les encargó llevar al mundo. Este regalo debían compartirlo con el resto de la humanidad, un encargo difícil, si tomamos en cuenta la desconfianza predominante entre naciones, grupos étnicos e individuos.

Sin embargo, la desconfianza más grande fue, hacia nuestro Creador y donador de este tesoro, dígame usted, ¿quién le creyó? Falta de Fe es lo que explica nuestra ignorancia de esa colección de Leyes que ha estado con nosotros prácticamente desde que El nos creó.

Numerosas instituciones científicas mundiales nos han dado recomendaciones a seguir para prevenir cada una de las diez causas más comunes de muerte en nuestro mundo. En este libro discutiremos algunas de estas enfermedades que conllevan al fallecimiento en países en desarrollo en el África y Asia en contraste con aquellas que ocurren frecuentemente en países desarrollados como los Estados Unidos y países Europeos.

Nos daremos cuenta que la causa de nuestra muerte está directamente relacionada con el lugar de la tierra en que vivimos. Los grandes adelantos tecnológicos, lo mismo que por los excesos a los cuales sometemos nuestros cuerpos, incluyendo la ingestión de copiosas cantidades de grasa animal, inagotable tensión, inactividad física y contaminación del aire que respiramos, son el motivo de nuestras enfermedades. Los resultados son el ataque al corazón, la embolia cerebral y el cáncer que predominan como fallecimiento prematuro en Alemania, Europa, Estados Unidos, Japón, etc. Del otro lado de la moneda, lo que encontramos es escasez de tecnología, falta de comida, agua potable y deficiencia de recursos en los países en vías de desarrollo. Principalmente los agentes infecciosos de enfermedades tales como el SIDA, la tuberculosis, la pulmonía y la diarrea son los que matan a los habitantes del África y Asia. [2]

Vamos a comparar todas estas guías dadas por las instituciones internacionales de la salud, con las 613 Leyes del Pentateuco, La Torá, que les fue dada a los Israelitas a través de Moisés hace más de 3,500 años.

"Y cuando acabó Moisés de escribir las palabras de esta Ley en un libro hasta concluirse ... "

Deuteronomio 31:24

Estas Leyes fueron escritas en cinco libros que forman el Pentateuco: Génesis, Éxodo, Levítico, Números y Deuteronomio. Los judíos lo conocen como La Torá y el Cristianismo los conoce como los cinco primeros libros del Viejo Testamento o Pentateuco.

En arqueología, las copias más antiguas que tenemos de ellas tienen más de dos mil años. Fueron descubiertas después de los años 1940 en las Cavernas de Qumran, en Israel. Las originales pueden ser vistas en el "Museo del Santuario del Libro" de Jerusalén, Israel.[3] ("Museum of the Shrine of the Book").

1

Infartos del Corazón y Derrames Cerebrales

Si vives en América del Norte o en uno de los países de Europa, es muy probable que vayas a morir de un infarto del corazón o de un derrame cerebral. Los infartos del corazón son, de hecho, la causa número uno de muerte, no solamente en el mundo occidental, pero en el mundo entero para todas las edades.1 La etiología (causa) de estas dos entidades es similar: "Arteriosclerosis".

Con la arteriosclerosis hay un depósito de grasa en las paredes de las arterias. Este depósito impide el flujo de sangre por los vasos sanguíneos, previniendo al órgano final de recibir el oxígeno y los nutrientes que necesita, causando que el órgano muera. Si el órgano es el corazón, te da un infarto cardíaco. Si el órgano es el cerebro, te da un infarto cerebral.

Sin embargo, no es sólo el depósito de grasa que bloquea el flujo de sangre, ya que en la mayoría de los pacientes que desarrollan infartos cardíacos y/o accidentes cerebro vasculares, sólo hay una placa pequeña de grasa que se rompe, causando turbulencia y formación de un coágulo de sangre que al obstruir el vaso sanguíneo, les ocasiona la muerte. Hay también otros factores como la inflamación, o el aumento de presión vascular que, en el sitio de la pequeña placa obstructiva, puede causar una ruptura de la placa de grasa y dar el golpe final. Esto causa que la arteria se cierre y, por consiguiente, impida la distribución de oxígeno a las células de ese órgano. Terminas con la muerte de esa parte del corazón o cerebro. Si sobrevives el evento, se formará una "cicatriz" en la parte del órgano que murió. La función del órgano puede entonces ser dañado por el resto de la vida del individuo. Posiblemente no vas a poder caminar mas que algunos pasos antes de que te falte el aire, o quizás no vas a poder mover parte de tu cuerpo, o no vas a poder hablar. Las organizaciones mundiales de la salud nos aconsejan cómo prevenir infartos cardíacos y accidentes cerebro vascular. Basan estos consejos en estudios científicos que han sido hechos por el mundo y que se han publicado en revistas científicas principales como JAMA (Journal of American Medical Association), NJM (The New England Journal of Medicine), BJM (the British Journal of Medicine), etc.

También tenemos acceso por las páginas del Internet a las diferentes organizaciones como "La Asociación Americana del Corazón" (www.americanheart.org), "El Centro para el Control y la Prevención de Enfermedades" (www.cdc.org), etc. En el próximo capítulo pasaremos a discutir las directivas científicas de prevención primaria para infartos miocárdicos y accidentes vasculares cerebrales.

#1. Dieta baja en colesterol y baja en grasa saturada[2]

Si vives en los Estados Unidos, seguramente has oído hablar del colesterol. Hay el colesterol malo, o LDL (lipoproteínas de baja densidad). Este es el responsable de los depósitos de grasa en el forro interior de las arterias que provoca una cadena de eventos que causa el cierre final de los vasos, previniendo así el aprovisionamiento de oxígeno al órgano final, resultando en el temido ataque cardíaco por isquemia o accidente cerebro vascular.

Este tipo de colesterol malo, LDL, y sus derivados es encontrado en la grasa que viene de animales (grasa saturada). Por lo tanto, la Asociación Americana del Corazón recomienda que disminuyamos el consumo de grasa animal o grasa saturada. Esto fue descubierto en 1985 y los doctores Michael S. Brown y Joseph L. Goldstein de la Universidad de Texas, Centro de Ciencias de Salud, en Dallas, recibieron el premio Nóbel de medicina por este descubrimiento.[3]

Hace 3,500 años, Moisés le dijo a la familia de Israel que no comieran la grasa animal. Ninguna explicación fue dada acerca de por qué no comerla, excepto que agradaba a Dios el olor de grasa al fuego. No sabían del colesterol malo o que las causas #1 y #2 de muerte en el mundo del siglo XXI d.C. serían infartos miocárdicos agudos y embolias cerebrales, debido a la ingestión de ésta.

> **"Estatuto perpetuo será por vuestras edades, dondequiera que habitéis, que ninguna grosura ni ninguna sangre comeréis".**
>
> **Levíticos 3:17**

¿Y qué si nosotros nos hubiéramos atenido a esta ley eterna? ¿Si la ley de Dios hubiera sido adoptada por la ley de los hombres "por todas las generaciones"? Quizás fuéramos más aptos a cortarle la grasa a nuestro bistec antes de cocinarlo y comérnoslo.

Muchas familias usaban la manteca animal para cocinar a diario, no porque no les interesaba la salud y el bienestar de su familia, pero por falta de conocimiento y por razones económicas. Y no digamos, que en América, para el almuerzo les servimos "perros calientes" completa y absolutamente llenos de grasa animal, no solamente a nuestros vecinos y amigos, sino, que igualmente lo damos a nuestros hijos. Muchos de nosotros tuvimos que esperar hasta los 1980s para obtener tal información, después de siglos de enfermedades del corazón provocadas por la grasa animal que nosotros con mucho gusto ingeríamos.

El aspecto desafortunado, pero, interesante de todo esto es que fue escrito hace tiempo por una autoridad, erudito en el cuidado del cuerpo humano, el Doctor de todos los doctores, por decirlo así. Claro que como hay los que no le hacen caso a "La Asociación Americana del Corazón", no debe ser sorprendente tampoco que tanta gente no le hizo caso a los decretos de este antigüo manuscrito: La Torá. Ahora los dos están de acuerdo, dos autoridades creíbles han hablado. ¿Qué hay que hacer entonces para que la gente oiga?

#2. Aumentar el consumo de grasa mono saturada como el aceite de oliva.

En la historia del colesterol, también existe el colesterol bueno o HDL (lipoproteína de alta densidad). Este tipo de lipoproteína buena viaja por la sangre a los vasos sanguíneos y recoge el colesterol malo (LDL) de las paredes de las arterias. Después lleva el LDL al hígado, que de hecho, lo usa para hacer hormonas, para reparar paredes de células, o simplemente bota el colesterol malo en las heces fecales en forma de bilis. Entonces nuestra sangre puede fluir ya por los vasos sanguíneos y el oxígeno puede ser suministrado al corazón y al cerebro para que puedan hacer su trabajo.

Les llamamos grasas saturadas a esas grasas que se encuentran en los animales; estas son las que aumentan el LDL, o colesterol malo. El aceite de "oliva" y el aceite "canola" contienen grasa mono saturada que, de hecho, aumentan el colesterol bueno (HDL) y no aumentan el malo (LDL).[4] Cuando la grasa se oxida es cuando es más tóxica para nosotros. La grasa oxidada depositada en nuestras arterias causa que la placa de grasa se rompa, venga la turbulencia de la sangre y se forme el coágulo, causando así un infarto al corazón.

También cuando freímos con aceite, la estructura molecular de la grasa se descompone y produce ácidos grasos oxidados, acelerando la obstrucción de las arterias. Pero, si el aceite que se usa para freír es aceite de oliva, esta oxidación en la grasa no ocurrirá y no habrá impedimento del flujo de sangre por los vasos sanguíneos con placas de colesterol. Esto se debe a que el aceite de oliva al tener un alto contenido de ácido oleico resiste la descomposición del aceite que oxida los ácidos grasos. Si observas con cuidado, te darás cuenta que al calentar el aceite de oliva comienza a "humear" mucho antes que los otros aceites de cocinar. Entonces cuando el aceite humea es que está listo para freír, y toma menos tiempo, menos calor para humear, y así el aceite de oliva no se descompone en ácidos grasos oxidados que nos hacen daño.

Hace 3,500 años, Moisés conocía sus aceites.

En La Torá, Moisés le dijo a los Israelitas que frieran sus ofrendas en aceite de oliva:

> **"Si presentas una ofrenda cocida en cazuela, se hará de flor de harina en aceite de oliva".**
>
> **Levítico 2:7**

El Dr. Frank Hu, Harvard School de Salud Pública, publicó un estudio en el New England Journal of Medicine que demuestra que las grasas mono saturadas no aumentan los niveles de colesterol malo y, por lo tanto, estas personas tienen menos episodios de infartos cardíacos o cerebrales cuando los compara con la población que no consume aceite de oliva.[5] Este fenómeno lo encontramos también en lo que le llaman "la dieta del mediterráneo" que es alta en aceite de oliva. La nación que hace esta dieta tiene menos ataques al corazón que otros grupos que no utilizan el aceite de oliva en sus dietas.

Los libros antiguos del Viejo Testamento son tan detallados que hasta les dice a los Israelitas la receta de cómo hacer pan. Les aconseja que hicieran el pan con aceite de oliva y varias veces menciona el árbol de oliva y sus frutas como saludable para ellos.

> **"Ofrecerán la décima parte de un efa de flor de harina amasada con la cuarta parte de un hin de aceite de olivas machacadas".**
>
> **Éxodo 29:40**

> **"Cuando presentes una ofrenda cocida al horno, será de tortas de flor de harina sin levadura, amasadas con aceite de oliva, y de hojaldres sin levadura, untadas con aceite de oliva".**
>
> **Levítico 2:4**

Repito, en el año 1,500 a.C., no sabían lo que era la grasa mono saturada. Pero Moisés les dice a los Israelitas que cuando hagan su ofrenda de pan, el aceite de oliva debe de ser usado para prepararlo, ya que eran los sacerdotes levitas los que lo comerían. Dios quiere lo mejor para aquellos que le sirven. Aarón era el hermano de Moisés y el primer sacerdote de los Israelitas. Moisés, Aarón y sus descendientes pertenecían a la tribu de Leví y fueron designados por Dios a servirle en el tabernáculo y después en el templo. Ellos eran los que iban a comer estos panes y ofrendas preparados en aceite de oliva.

> **"Lo que resta de la ofrenda, cosa santísima de las ofrendas que se queman para Jehová será de Aarón y de sus hijos".**
>
> **Levítico 2:3**

#3. Aumentar el consumo de pescados.

El pescado es una fuente excelente de proteína que no contiene ninguna cantidad significante de la temida grasa saturada. En cambio, peces como el salmón contienen altos niveles de ácidos, grasos omega-3, los cuales contribuyen al aumento del HDL, el colesterol bueno que trabaja como un "plomero" destaponando nuestras arterias.

A los israelitas les fueron dada leyes de dieta específicas para el bienestar de su salud, y cuando llegó la hora de hablarles del pescado, le dieron la luz verde para consumirlo. Sin embargo se les dió dos condiciones: que el pez que comieran debía tener aletas y escamas. Son precisamente estos los peces que contienen altos niveles del colesterol bueno (HDL) y casi nada del colesterol malo (LDL). Los animales que viven en el agua y no tienen aletas y escamas como el cangrejo, la langosta, el calamar y el pulpo, contienen niveles más altos de colesterol. [6] El camarón también tiene colesterol, pero no tan alto, y algunos eruditos judíos, consideran que las escamas del camarón se fundieron en una, que es su concha y que el camarón sí tiene aletitas.

Tabla de Nutrición del contenido de colesterol en animales marinos, según la Universidad de Delaware:

Peces de escama/aleta	50-90 mg/colesterol por 3½ onzas
Crustáceos (cangrejo, langosta, camarón)	60-100 mg/colesterol por 3½ onzas
Moluscos (ostras, almeja)	40-110 mg/colesterol por 3½ onzas
Calamar y pulpo	250 y 122 mg/colesterol por 3½ onzas respectivamente

"De todos los animales acuáticos podréis comer éstos: todos los que tienen aletas y escamas, tanto de las aguas del mar como de los ríos. Pero todos los que no tienen aletas ni escamas, tanto en el mar como en los ríos, así como cualquier otra criatura acuática y cualquier otro ser viviente que hay en el agua, serán para vosotros detestables. Os Serán detestables; no comeréis su carne y detestaréis sus cuerpos muertos. Todos los que en las aguas no tienen aletas ni escamas serán para vosotros detestables".

Levítico 11:9-12

#4. Tomar Vino de la uva roja.

Debido a las consecuencias nocivas del abuso de ingestión de alcohol, la Asociación Americana del Corazón no está recomendando el consumo de vino para mejorar su salud cardíaca y cerebral.[2] Fíjese que dije "abuso". El abuso de alcohol está asociado al aumento de una serie de enfermedades como dilatación cardíaca, demencia alcohólica; y a una variedad de cánceres, como cáncer del tracto gastro-intestinal desde los labios hasta el ano. Además de que el alcohol en exceso nubla la mente y la familia del paciente alcohólico sufre muchos abusos físicos y mentales por parte del consumidor. El consumo de vino es controversial, especialmente después de observar "La Paradoja Francesa" en la cual la dieta de los franceses, rica en altas cantidades de grasa saturada y alto consumo regular de vino, y sin embargo, los franceses tienen mucho menos incidencias de infartos cuando se les compara a los americanos que, consumen la grasa, pero, no el vino tinto.

El vino tinto contiene "flavonoide quercetin", el cual inhibe la adherencia de las plaquetas, evitando así la formación del coágulo en el lugar de las arterias donde se depositó la placa de colesterol.[7] Recuerden que les mencioné que algunas veces la placa de colesterol es pequeña, pero que al desprenderse causa turbulencia en la sangre induciendo la formación del coágulo que obstruye por completo el paso de la sangre y del oxígeno a las células cardíacas o cerebrales produciendo el infarto.

Así que si te tomaras una copa de vino diario, estarías previniendo la formación de un coágulo lo mismo que si te tomaras una aspirina, o dos vasos de jugo de uva mora.[8] Hoy en día si alguien llega a la sala de emergencias en los Estados Unidos, y se sospecha que ha sufrido un infarto, lo primero que hacen es darle una aspirina. Hay otros factores que son responsables en la prevención del infarto que solamente se encuentran en la uva roja y no en la blanca.[9]

El Centro Médico de la Universidad de Georgetown, en Washington D.C., hizo experimentos con el jugo de la uva roja que demostraron beneficios similares al del vino tinto. La razón es que el vino tinto debe venir de la uva roja.

También demostraron que las plaquetas sueltan óxido nitroso en presencia del jugo de uva roja. El óxido nitroso es un químico que causa dilatación en las arterias, hace que estas se abran más para permitir mejor el flujo de la sangre, y por lo tanto, se obtiene mejor oxigenación de los tejidos, evitando así el infarto.[10]

Algunos estudios también han demostrado que se aumenta el colesterol bueno, el HDL, con el consumo del vino tinto. El vino tinto tiene anti-oxidantes que disminuyen la cantidad de radicales libres que interaccionan con el colesterol dañando las paredes de las arterias. Entonces, nos encontramos tratando de balancear por un lado los beneficios y las complicaciones del que decide abusar del alcohol. La respuesta es clara, simplemente no abuses del alcohol.

Nos preguntamos ¿Es lo mismo si tomas jugo de uva roja ó tomas vino tinto?

No, el vino además de contener todas las propiedades del jugo de la uva roja también tiene esa sustancia tan controversial que llamamos alcohol, que puede causar adicción y eventualmente matarnos. Pero, si no lo abusamos, y solamente tomamos de dos a cuatro onzas de vino rojo 4 veces por semana, ¿qué pasa entonces?

1) En dosis bajas como la ya mencionada, el alcohol disminuye el estrés, esa tensión de la vida diaria que a algunos nos agobia. También aumenta las endorfinas que te hacen sentir "Feliz". Las endorfinas son sustancias químicas producidas por el cerebro que ayudan a quitar el dolor, son más potentes que la morfina y también causan euforia.[12] Cuando te sientes feliz y contento, la presión arterial y las contracciones cardíacas disminuyen, el corazón descansa y no tiene que trabajar tan duro, por lo tanto, te durará más tiempo.
2) El alcohol también inhibe la secreción de cortisol, esa hormona que se produce en estados de tensión, la cual aumenta la presión arterial y el pulso. El estar expuesto frecuentemente a éste, acelera el infarto cardíaco o cerebral.[11,13]
3) Los efectos anti-inflamatorios del alcohol también juegan un papel importante en la prevención del infarto cardíaco o cerebral. Los cardiólogos piensan que uno de los factores responsables para que se rompa la placa de colesterol en las arterias, causando el coágulo y el infarto, es la inflamación en la pared vascular. En la sangre podemos medir los niveles de un marcador inflamatorio llamado Proteína-C Reactiva y nos da una idea general de si hay inflamación en el cuerpo. En la revista "Lancet," volumen 357, número 9258 del 10 de marzo del 2001, se publicó el resultado de los estudios con-

ducidos por unos investigadores alemanes en un grupo de personas que tomaban dosis bajas de alcohol y los niveles de la proteína-C reactiva. Ellos llegaron a esta conclusión: "Los individuos que no tomaban alcohol y los que abusaban del alcohol tenían niveles mas altos de proteína-C reactiva que aquellos individuos que ingerían dosis bajas y moderadas de alcohol, y esto podía ayudar a elucidar el vínculo que existe entre el consumo moderado-bajo de alcohol y la baja incidencia de mortalidad cardiovascular".

En la sección #9 de este libro, vamos a discutir cómo el estrés o tensión alta puede conducir al infarto cardíaco y cerebral y en la sección #10 veremos cómo los sentimientos positivos, como la felicidad, disminuyen estos dos asesinos. Entonces el vino, además de tener las ventajas de las propiedades del jugo de uva roja, como los anti-oxidantes, anti formación de coágulos sanguíneos, dilatación de vasos arteriales; también tiene los efectos relajantes del alcohol (anti-cortisol), sentimientos de felicidad (pro-endorfinas), beneficios del consumo de alcohol en dosis bajas. Todavía más, el vino tinto también tiene los efectos anti-inflamatorios del alcohol que ayuda a disminuir el riesgo de morir de un infarto cardíaco o cerebral virtud que el jugo de uva roja no tiene.[11-14]

La bebida de elección en el Antiguo Testamento es el vino tinto. Los Israelitas lo traían como ofrenda y quienes lo consumían eran los sacerdotes levitas, así que podían cosechar los beneficios tanto del jugo de la uva roja como el del alcohol.

"y su libación será de vino, la cuarta parte de un hin".
Levítico 23:13

Los Sacerdotes levitas entonces, se tomaban el vino; ellos eran los escogidos entre las doce tribus de Israel para servir a Dios y enseñarles al resto del pueblo de Israel acerca de las leyes de Dios. Ellos no eran dueños de tierras en Israel, a diferencia de las otras tribus, cuando se formó la nación de Israel. Lo que los levitas recibían eran las ofrendas que Israel le llevaba al templo de Dios como ofrenda de respeto, arrepentimiento y amor a Dios. Se entiende por lo tanto, que esta tribu privilegiada, los Levitas, comieran y bebieran lo mejor posible para el sustento del cuerpo humano, para que así sus vidas pudieran ser prolongadas.

Desde la primera vez que Dios habla acerca de los sacerdotes en el Antiguo Testamento se refiere a la bebida del ofertorio como el vino tinto. "Malkhi-tzedek" es un personaje intrigante del libro de Génesis, el cual era Sacerdote de Dios (antes de que se hubieran establecido los sacerdocios con Aarón) y al mismo tiempo era Rey de Salem (Jerusalén antes de que Dios se la diera a los Israelitas). Moisés nos dice que cuando "Malkhi-tzedek" se encuentra con Abraham (El padre de genotipo y espiritual de los Israelitas, árabes y cristianos), le da una bendición a Abraham de parte de Dios con pan y vino:

> **"Entonces "Melqui-tzedek", rey de Salem y sacerdote del Dios Altísimo, sacó pan y vino y le bendijo, diciendo:**
> **Bendito sea Abraham del Dios Altísimo, creador de los cielos y de la tierra; y bendito sea el Dios Altísimo, que entregó tus enemigos en tu mano. Y le dio Abraham los diezmos de todo".**
> **Génesis 14:18-20**

A lo largo de los cinco libros de La Torá encontramos que los patriarcas de los Israelitas desde Abraham, Isaac, Jacob y hasta las doce tribus, consideraban el vino una bendición de Dios.

La bendición de Isaac para Jacob:

"Dios, pues, te dé del rocío del cielo y de las grosuras de la tierra, Y abundancia de trigo y de vino".

Génesis 27:28

La Bendición de Jacob para Judá (El jefe de la tribu de Judá y antepasado de Jesús de Nazaret) :

"No será quitado el cetro de Judá, ni el legislador de entre sus pies, hasta que venga Siloh; Y a él se congregarán los pueblos. Atando a la vid su pollino, y a la cepa el hijo de su asna, lavó en el vino su vestido, y en la sangre de uvas su manto. Sus ojos rojos del vino, y sus dientes blancos de la leche".

Génesis 49:10-12

Quiero aclarar que la palabra en hebreo para decir vino es "Iain", una palabra muy diferente que la usada para decir jugo de uva que es "Mitz Anavim". Muchos Cristianos creen que La Torá quiso decir Jugo de Uva, pero, eso no es lo que dice el Antiguo Testamento. Dice "Iain" (vino). La verdad te hará libre.

Todos estamos conscientes de los daños físicos, mentales, espirituales y sociales que ocasiona el abuso del alcohol. Pero, moderación en todo lo que hacemos es un buen consejo. Tomar ocasionalmente dos a cuatro onzas de vino rojo nunca ha sido asociado con daños físicos o mentales a personas en buen estado de salud. Como cualquier otra cosa en la vida, cuando nos vamos a los extremos nos salimos de balance y terminamos causando dolor corporal o mental.

#5. Aumentar el consumo de vegetales y frutas frescas.

Una dieta alta en vegetales y frutas frescas se ha demostrado que disminuye las posibilidades de infartos cardíacos y cerebrales. ¿A qué llamamos dieta alta en vegetales y frutas? De siete a nueve diferentes vegetales y frutas en un día. Usted dirá: ¡pero eso es demasiado! En realidad no lo es si usted consumiera un vegetal o una fruta fresca cada 2 horas con un vaso de agua, entonces, no comería tanto de las otras comidas que lo que hacen es engordarlo y traerle los daños asociados con la obesidad.

El papá de mi esposo, Rafael Perdomo, es un ejemplo clásico de una familia que genéticamente no recibieron mucho en cuanto a salud se refiere, eran seis hermanos, todos murieron antes de los 70 años por complicaciones de diabetes, etc. El único que los sobrevivió fue mi suegro Rafael. Tiene 87 años y seguimos contando. El también tiene la diabetes como sus hermanos, pero mi suegro siempre come vegetales y frutas frescas, el pasatiempo de toda su vida era sembrarlos y después comérselos...

Las frutas y vegetales en general no tienen colesterol, pero lo que sí tienen son una variedad de vitaminas y antioxidantes que estabilizan la placa de colesterol en nuestras arterias y evitan que se desprendan y obstruyan el paso del flujo sanguíneo. El Dr. Alexander Leaf publicó un artículo muy interesante en la revista "National Geographic" en enero del 1973. Se trataba acerca de las personas más viejas en el mundo. Las encontró viviendo en las montañas de Rusia, los Abkhazians, también en las montañas de Ecuador, los Vilacambas y finalmente en Pakistán, los Hunzukuts.

A pesar de encontrarlos en 3 continentes diferentes todos ellos compartían algo en común, su dieta consistía principalmente de vegetales crudos y frutas frescas. Ellos consumían muy poco o nada de productos derivados de los animales.[15]

Las frutas frescas y los vegetales son ricos en agua, fibra, antioxidantes, flavonoides y vitaminas. Los flavonoides contienen anti-oxidantes que previenen que la placa de colesterol en los vasos sanguíneos se oxide. Estudios científicos han demostrado que esta oxidación juega un papel importante en la formación, el progreso y la ruptura de estas placas de colesterol. Estas placas rotas conllevan a la trombosis (formación de coágulos) e interrupción del suplemento de sangre a los órganos dándoles así el golpe final que los lleva a infartos cardíacos y/o cerebrales.

También es difícil que pierda su memoria o le dé la enfermedad de Alzaimer, la cual azota a Estados Unidos severamente, si usted consume a diario vegetales verdes, sobre todo los de hojas verdes. El primer libro del Antiguo Testamento, Génesis, nos dice que al principio los hombres y animales comían plantas y sus derivados, las frutas y vegetales.

> **"Y a toda bestia de la tierra, y a todas las aves de los cielos, y a todo lo que se arrastra sobre la tierra, en que hay vida, toda planta verde les será para comer. Y fue así".**
>
> **Génesis 1:30**

Los seres humanos vivían hasta los 900 años en ese entonces. Por ejemplo, Matusalén, el abuelo de Noé, vivió 969 años.

> **"Fueron, pues, todos los días de Matusalén, novecientos sesenta y nueve años; y murió".**
>
> **Génesis 5:27**

Moisés nos dice que alrededor de la época cuando vivió Noé, Dios se desilusiona con la maldad de la humanidad y decide acortar la duración promedio de vida a 120 años.

> **"Y dijo Jehová: No contenderá mi espíritu con el hombre para siempre porque ciertamente él es carne; mas serán sus días ciento veinte años".**
>
> **Génesis 6:3**

Dese cuenta que, tan pronto como Dios toma esta decisión, le dice a Noé que se puede comer todos los animales de la tierra.

"Todo lo que se mueve y vive, os será para mantenimiento: así como las legumbres y plantas verdes, os lo he dado todo".

Génesis 9:3

De seguro, después de que Dios le dio libertad a Noé para comer carne animal, los seres humanos empiezan a vivir menos y menos años cada generación hasta que llega a Moisés que vive sólo 120 años.

"Era Moisés de edad de ciento veinte años cuando murió; sus ojos nunca se oscurecieron ni perdió su vigor".

Deuteronomio 34:7

Precisamente en este momento de la historia cuando el hombre vive hasta los 120 años, Dios le da las leyes de dieta a los Israelitas, la nación que tenía que sobrevivir para llevar las bendiciones de Dios, nuestro Creador, al resto de las naciones del mundo. Esta vez Dios no les dice que pueden comer toda cosa viviente que se mueva en la tierra, pero específicamente les dice qué animales comer, qué parte de esos animales pueden comer, qué aceites consumir y les recuerda que las frutas y vegetales deben ser la fuente principal de su alimentación.

Han pasado 3, 500 años desde que ese libro de recetas alimenticias nos fue dado, muchos de nosotros lo ignorábamos, yo aprendí parte de ella en la escuela de medicina, pero, no su totalidad hasta que estudie La Torá.

"Luego ofrecerá del sacrificio de paz, como ofrenda encendida a Jehová, la grosura que cubre los intestinos, y toda la grosura que está sobre las entrañas, y los dos riñones y la grosura que está sobre ellos, y sobre los costados; y con los riñones

quitará la grosura de los intestinos que está sobre el hígado. Y los hijos de Aarón harán arder esto en el altar, sobre el holocausto que estará sobre la leña que habrá encima del fuego; es ofrenda de olor grato para Jehová".

Levítico 3:3-5

De esta manera los sacerdotes levitas no comerían esa grasa ni esos órganos que eran consumidos por el fuego.

"Estatuto perpetuo será por vuestras edades, dondequiera que habitéis, que ninguna grosura ni ninguna sangre comeréis".

Levítico 3:17

Dios es tan cortés, que no les explica por qué no comerse toda esa grasa animal interna, ya que los Israelitas no tenían el conocimiento científico para entender el por qué, mas les dice algo que ellos pudieran entender, que a Dios le agrada el olor que despide la grasa al ser quemada.

"Hablad a los hijos de Israel y decidles: Estos son los animales que comeréis de entre todos los animales que hay sobre la tierra, de entre los animales, todo el que tiene pezuña hendida y que rumia, este comeréis".

Levítico 11:2-3

El camello, la liebre y el conejo no deben ser ingeridos ya que no tienen pezuña verdadera. El cerdo tiene una pezuña verdadera pero, no rumia. Por lo tanto, los cochinos no son recomendados como alimentos para los humanos.

Yo siendo venezolana recuerdo a mi tía Ina, que tenía una finca en Calabozo (en el campo), cómo mataban a los cochinos para celebrar simplemente que estábamos juntos. Y a mi esposo, siendo cubano nunca le faltaba el cochino en fiestas especiales como la navidad. Sabíamos por la ciencia que el cochino, puede transmitir la triquinosis, una enfermedad mortal que afecta eventualmente al cerebro. Pero si lo cocinábamos bien, entonces disminuíamos las posibilidades de adquirir esta enfermedad. Al leer en La Torá que Dios nos recomendaba no comer este animal, pensé que era sólo para aquel entonces, pero no era verdad, ya El les había dicho que tenían que cocinar la carne muy bien; sin dejar rojo en ella.

¿Entonces? Me preguntaba...

La grasa del puerco es la más dañina para el cuerpo humano; por más que traten de eliminarla de la carne, antes de cocinarla, siempre le queda grasa entre las fibras musculares. A mí no me queda la menor duda de que para nosotros no es bueno, sino, Dios no lo hubiera prohibido. Más adelante hablo en este libro de la homocysteina como un factor en la sangre que correlaciona sus niveles con incidencias de infartos cardíacos, mientras más alta es la homocysteina más alta las posibilidades de desarrollar infartos cardíacos. Bueno, resulta que la homocysteina es un amino ácido que se forma de la metionina, otro amino ácido. La carne de puerco sin grasa, es la que contiene los niveles más altos de metionina, aun más que la carne de vaca sin grasa o el pollo. Mientras más carne de cerdo comas, más metionina, más transformación en homocysteina, y mayor las posibilidades de desarrollar infartos cardíacos o cerebrales...

> **"También el cerdo, porque tiene pezuñas, y es de pezuñas hendidas, pero no rumia, lo tendrás por inmundo. De la carne de ellos no comeréis, ni tocaréis su cuerpo muerto; lo tendréis por inmundo".**
>
> **Levítico 11:7**

Además de darnos las recomendaciones de cuáles animales marítimos comer, las cuales discutimos en el capítulo pasado, nos dice cuáles aves podemos consumir:

> **"Y de las aves, éstas tendréis en abominación; no se comerán, serán abominación: el águila, el quebrantahuesos, el azor, el gallinazo, el milano según su especie; todo cuervo según su especie; el avestruz, la lechuza, la gaviota, el gavilán según su especie; el buho, el somormujo, el ibis, el calamón, el pelícano, el buitre, la cigüeña, la garza según su especie, la abubilla y el murciélago".**
>
> **Levítico 11:13-19**

Moisés les da instrucciones a los Israelitas hasta de los insectos a comer:

> **"Todo insecto alado que anduviere sobre cuatro patas, tendréis en abominación. Pero esto comeréis de todo insecto alado que anda sobre cuatro patas, que tuviere piernas además de sus patas para saltar con ellas sobre la tierra; estos comeréis de ellos: la langosta según su especie, el langostino según su especie, el argol según su especie, y el hagab según su especie. Todo insecto alado que tenga cuatro patas, tendréis en abominación".**
>
> **Levítico 11:20-23**

Alguno de estos animales no tienen niveles altos de colesterol en sus carnes, pero después de toda la evidencia presentada en las leyes de dietas, que correlacionan con la ciencia, me pregunto a mí misma: ¿Qué es lo que esas aves tienen que nos hace daño e impulsó a Dios a decirle a los Israelitas que no la consumieran?

#6. ¿Qué cantidad de sal en nuestras dietas?

"Sin el conocimiento de la suma de los efectos múltiples de una dieta baja en sal, no podemos hacer una receta universal acerca de la cantidad de sal que deben tener nuestras dietas". Así nos dice el Dr. Michael H. Alderman, del departamento de Epidemiología y Medicina Social del Colegio de Medicina Albert Einstein, en Bronx New York. Sus estudios fueron publicados en la revista de Hipertensión de la Asociación Americana de Cardiología, Hipertensión 2000; 36:890.[16]

Vemos reflejado en este artículo la controversia que existe acerca de sal o no sal o cuánta sal; ya que hay estudios que han demostrado una asociación entre dietas altas en sal y alta presión, enfermedades cardíacas y accidentes cerebro vasculares. Como resultado las personas disminuyeron el consumo de sal a cero y entonces estas personas desarrollaron más infartos cardíacos y cerebrales que las personas que ingerían una cantidad "moderada" de sal.16-17 Estos resultados también fueron publicados en la revista de Hipertensión y transmitido por las cadenas de televisión y radio americanas en el año 1999. Estas personas con el consumo de sal tan bajo o cero, siempre estaban cansadas y fatigadas.

Cuando disminuimos la cantidad de sal que ingerimos a cantidades tan bajas, los riñones reciben una señal de aumentar la producción de una sustancia llamada "renina" que interacciona con una proteína llamada angiotensina I, la cual se transforma en angiotensina II, que a su vez, estimula la producción de aldosterona; la hormona que aumenta la retención de sal y líquido. En pocas palabras, disminuir el consumo de sal aumenta la producción de aldosterona, aumentando así la presión arterial. La Angiotensina II tiene los siguientes efectos en nuestros cuerpos:

1) Estimula el cierre de los vasos sanguíneos aumentando la presión y disminuyendo el suministro de sangre a los órganos y tejidos.

2) Daña la capa interna de las arterias, al estimular la producción de súper óxidos y peróxidos de nitratos y al movilizar sustancias inflamatorias al área de la formación de placas de grasa. Esto hace que la capa interna del vaso sanguíneo sea más susceptible a la oxidación, a los depósitos de grasa, a la formación de placas de colesterol y a la ruptura de placas.
3) También aumenta la formación de agentes anti-trombo líticos como el PAI-1 que favorecen la formación de coágulos sanguíneos en el lugar que se desprendió la placa de grasa. Ya sabemos que un infarto cardíaco o cerebral resultará a consecuencia del desencadenamiento de estos eventos. En resumen, vemos el efecto "bumerang", lo contrario a lo que esperábamos, que cuando disminuimos la cantidad de sal a niveles tan bajos para prevenir el infarto o la embolia en realidad lo que hacemos es aumentar el número de eventos cardíacos y cerebrales, pues, los bajos niveles de sal estimula al cuerpo a producir hormonas que van a retener sal y además van a subir la presión arterial y producir más eventos trombóticos. Como todo lo demás en la vida, cuando nos vamos a los extremos rompemos el equilibrio de la estabilidad física y mental. Mientras más lejos lancemos el "bumerang" con más fuerza regresará a maltratarnos.

Moisés le enseña a los hijos de Jacob a poner sal en sus comidas.

"Y sazonarás con sal toda ofrenda que presentes, y no harás que falte jamás de tu ofrenda la sal del pacto de tu Dios; en toda ofrenda tuya ofrecerás sal".

Levítico 2:13

La abstinencia de sal tiene resultados perjudiciales para nuestra salud al igual que el exceso de consumo de ésta nos hace daño. Una vez más, la moderación es la clave.

#7. Tomar productos lácteos a diario.

Este es uno de mis temas favoritos ya que me encanta tomar leche aunque tengo 51 años.

Mi esposo Alex me dice que ya no somos niños y sólo los niños necesitan la leche. Mientras que yo estaba preparando el estudio de la Biblia y la medicina preventiva para presentarlo en Sur África, Alex se metió en el Internet para ver qué encontraba en contra de la leche. Ya sabíamos que cuando algunas personas son mayores desarrollan intolerancia a la leche, pues, no producen más las enzimas que digieren la lactosa; el azúcar que se encuentra en la leche. Mas lo que Alex encontró le sorprendió en gran manera.

El 7 de marzo del 2001 El Dr. Pereira del Colegio de Medicina de la Universidad de Harvard, les dio un reporte acerca de sus estudios en los productos lácteos a los cardiólogos que atendían el 41 congreso de Prevención y Epidemiología de Enfermedades Cardiovasculares, en San Antonio, Texas, Estados Unidos. En su estudio, "Los Resultados del Riesgo a Desarrollar Enfermedades Coronarias en Adultos Jóvenes," aquellos que tomaban cuatro porciones al día de productos lácteos, como la leche, helados, queso y yogurt eran menos aptos a desarrollar:

1) Altos niveles de colesterol
2) Obesidad
3) Hipertensión
4) Diabetes

Estos cuatro factores están relacionados directamente a infartos cardíacos y cerebrales, así que mientras menos hipertensión, colesterol, diabetes y obesidad, menores las posibilidades de desarrollar infartos. El Dr. Pereira piensa que mientras las personas toman más leche se sienten más satisfechos y tienden a comer menos y a tomar menos sodas,[18] que son tan dañinas para la salud por su alto contenido de azúcar libre y de químicos que no son naturales en el cuerpo.

Las dietas altas en azúcar son extremadamente peligrosas. El mantener una dieta balanceada entre las proteínas, grasa vegetal y los carbohidratos es esencial. Si se tiene una dieta alta en azúcar o almidón (pan blanco, pasta, galletas, papas, arroz blanco) el páncreas responde aumentando la producción de insulina, ya que la insulina es la que permite que el azúcar entre dentro de las células para ser utilizada como energía. La insulina transforma el resto de esa azúcar excesiva en grasa y la almacena, "pensando" en que venga una escasez de comida en el futuro, entonces el cuerpo pueda utilizarla para energía.

El páncreas no sabe que en el siglo XXI d.C. no existen hambrunas en los países desarrollados y por el contrario, hay una sobre abundancia de productos procesados de almidón y azúcar y, como estamos muy ocupados en esta sociedad, no tenemos tiempo de comprar las frutas y vegetales a diario, ya que se echan a perder rápido. Es mas fácil comprar comidas en latas o procesadas con todos esos preservativos que se añaden para que duren para siempre...

Además, de esta manera pueden satisfacer el hambre inmediatamente y fácilmente, ya que no tienes que perder tiempo lavando el vegetal, pelándolo y cortándolo. Tu cerebro está contento con toda esa azúcar y le dice al páncreas que produzca más insulina.

Probablemente no lo sabías, pero la insulina a su vez te va a abrir más el apetito y comerás más azúcar que se convertirá en grasa y te hará obeso. Es un círculo vicioso que sólo puedes romper disminuyendo el azúcar y almidón procesados y consumiendo las frutas y vegetales que tu cuerpo tanto necesita.

La insulina hace que se almacene el exceso de azúcar como

grasa y también previene que esa grasa depositada sea utilizada como energía en el futuro, de manera tal que toda la energía sea producida primero del azúcar que haya disponible. El resultado final es que en nuestra sociedad cada vez nos ponemos más y más gruesos con nuestra dieta alta en comidas procesadas y alta en azúcar libre como las sodas. En los Estados Unidos de América estaban tan preocupados con el consumo de la grasa que una vez más se fueron a lo contrario y leyeron todas las etiquetas de advertencia de las comidas procesadas y se aseguraban de que no tenían grasa, pero, en lo que no se fijaban es que las industrias que producen estas comidas le quitaban la grasa y les añadían azúcar para mantener el sabor para que se vendiera el producto, lo que resultó en una epidemia de diabetes en nuestra sociedad. Al darse cuenta fueron al otro extremo para bajar de peso, ya que ahora estaban obesos y siguieron dietas altas en grasa y proteína animal y nada de vegetales y frutas, como por ejemplo la dieta Adkins, y aunque era verdad que bajaron de peso, ¿sabe usted de qué murió el Dr. Adkins y quién la originó? Murió de un infarto masivo al corazón. Entonces hicieron variaciones de esta dieta como la "South Beach", donde sí existen algunos vegetales y frutas, pero, su base es proteína y grasa animal. El ex-presidente de este país, Bill Clinton, hizo esta dieta y en septiembre 26 del 2004, salió del quirófano, por una operación de corazón abierto donde se le hizo un "by-pass" por obstrucción de las arterias coronarias con placas de grasa.

La leche contiene grasa y por las últimas décadas el mundo moderno le ha estado avisando a los consumidores que tomen leche descremada, sin grasa, lo mismo con el queso y el yogurt.

Sin embargo, al parecer no hay diferencia si estos productos lácteos son descremados o no. El Antigüo Testamento nos advierte de los peligros de la grasa interna animal, no la de la leche. El estudio presentado por el Dr. Pereira de la escuela de medicina de

Harvard no demostró diferencia alguna en los beneficios recibidos por las personas que consumen 4 porciones diarias de productos lácteos, si estos eran descremados o no, el beneficio era el mismo, y se desarrollaba menos diabetes, hipertensión, obesidad y enfermedades coronarias. La clave es que cuando comes la cantidad adecuada de azúcar (en las frutas y vegetales) y el tipo adecuado de grasa, comes menos, entonces disminuyes las cantidades de insulina producidas, tienes menos hambre, produces menor cantidad de insulina y puedes utilizar la grasa almacenada para energía, te sentirás satisfecho y habrás roto el ciclo vicioso.

La importancia de tratar de que nuestro páncreas haga menos insulina estriba en evitar la producción del "síndrome metabólico" o de "resistencia a la insulina." En el obeso, dado a la cantidad excesiva de grasa inactiva, la insulina que el cuerpo produce es defectuosa y no puede hacer que el azúcar entre en las células, se queda entonces circulando en altos niveles en la sangre, produciendo diabetes melitos tipo II. El alto nivel de azúcar en la sangre es tóxico. Es veneno para todas las células del cuerpo pero, sobre todo, para los vasos sanguíneos, pues, es por allí que ella se queda circulando indefinidamente en el cuerpo. Los niveles constantes más altos de 120 miligramos por decilitro destruyen los vasos sanguíneos de los riñones, cerebro, ojos, nervios, corazón, etc., afectando a todos estos órganos y entendemos entonces por qué los diabéticos terminan en diálisis renal, quedan ciegos, tienen calambres en las extremidades y terminan perdiendo una u otra extremidad o con un infarto masivo del corazón o del cerebro.

Un reporte muy interesante fue publicado en la revista "Nature" el 8 de febrero del 2001. Investigadores del centro médico "Beth Israel" en Boston Massachussets, demostraron cómo la célula grasosa no puede responder a la orden de la insulina de permitir que el azúcar entre en ellas, la célula grasa entonces segrega una sustancia que le dice a la célula muscular y al hígado que "resista" la orden de la insulina de dejar que el azúcar entre en ellas...

El experimento fue muy ingenioso. Imagínese que la insulina es un despachador de taxis, y cuando el azúcar se encuentra presente en la sangre, la insulina le dice al taxi (glut4) que recoja el azúcar y la lleve adentro de la célula para que pueda producir energía. Los investigadores incapacitaron solamente al taxi (glut4) que lleva el azúcar a las células grasas. Ellos no incapacitaron al taxi (glut4) que lleva el azúcar adentro de las células musculares o hepáticas. Sin embargo, en unos pocos días, en las células musculares de los ratones del experimento no podía entrar el azúcar dentro del músculo, y lo mismo en las células hepáticas; no podía entrar el azúcar dentro del hígado, aunque esos ratones tenían niveles normales y altos de insulina. Los investigadores creen que las células grasas mandaron una molécula mensajera llamada "resistin" a las células musculares y hepáticas, para así, incapacitar sus taxis (glut4) y desarrollar lo que llamamos diabetes tipo II, con resistencia a la insulina, que es parte del síndrome metabólico.[19]

Aunque existan niveles de insulina más altos de lo normal, las células musculares y hepáticas no dejan entrar el azúcar para producir energía. La leche y sus derivados ayudan a prevenir que se produzca esa resistencia a la insulina, lo cual previene la incidencia de ataques al corazón y al cerebro.

¿Has oído decir que según como luzca tu figura podrás predecir las posibilidades de sufrir un infarto?

Por ejemplo, si tu figura parece una manzana, o sea que acumulas ruedas de grasa alrededor del abdomen, entonces los riesgos de infartos son más altos, ya que las células de depósito de grasa alrededor del abdomen sueltan grasa hacia la sangre antes que las otras células grasosas en diferentes localizaciones del cuerpo, como en las piernas por ejemplo. La grasa del abdomen es liberada 3 horas después de una comida, mientras que las de otras partes del cuerpo se demoran mucho más. El tipo de grasa aparece como triglicéridos y ácidos grasos libres circulando en la sangre y estos ácidos grasos causan resistencia a la insulina, diabetes, infartos, etc. En los cinco libros de La Torá, La Ley, Dios se refiere a la Tierra prometida, como la tierra de la leche y la miel; por lo menos quince veces. Allí es que Dios va a llevar su nación escogida entre todas, a vivir para siempre. Nosotros entendemos que El está infiriendo que es una tierra viable a criar ganado, que darán leche y plantas que darán sus flores para que las abejas hagan su miel.

Por lo tanto, se entiende que la miel y la leche son buenas para el consumo de los Israelitas, ya que ellos son los escogidos a llevar estos conocimientos al resto del mundo. Dios quiere que sus cuerpos consuman lo que es mejor para ellos para que perduren en la tierra.

> **"Guardad, pues, todos mis estatutos y todas mis ordenanzas, y ponedlos por obra, no sea que os vomite la tierra en la cual yo os introduzco para que habitéis en ella. Y no andéis en las prácticas de las naciones que yo echaré de delante de vosotros; porque ellos hicieron todas estas cosas, y los tuve en abominación. Pero a vosotros os he dicho: Vosotros poseeréis la tierra de ellos, y yo os la daré para que la poseáis por heredad, tierra que fluye leche y miel. Yo Jehová vuestro Dios, que os he apartado de los pueblos".**
>
> **Levítico 20:22-24**

Después de leer la frase "leche y miel" quince veces en el Pentateuco, pensé: Ya sabemos acerca de la leche, pero ¿y qué de la miel? Por supuesto que los investigadores de la miel ya habían concluido que tenía propiedades anti oxidantes que son beneficiosas para el ser humano que la consume.

Los beneficios de la miel dependen del tipo del néctar de las flores que las abejas chupan para hacer su miel. Mientras más oscura es la miel, mayor son sus propiedades antioxidantes. Por ejemplo, el color de la miel de las flores del trigo es marrón como el chocolate y es una de las que más antioxidantes poseen. La Dra. Susan Percival, profesora de nutrición de la Universidad de la Florida, hizo una revisión de las investigaciones que se han hecho en la literatura médica acerca de los beneficios de la miel y nos explica que la miel contiene vitaminas como el ácido pantoténico, riboflavina, Vitamina B 6, niacina y minerales tales como el calcio, cobre, hierro, magnesio, fósforo, potasio, sodio y zinc.

El azúcar de mesa no contiene estos ingredientes que son esenciales para el buen funcionamiento del metabolismo. Además de todo esto, la miel es rica en antioxidantes como la pinocembrina, la cual inactiva los radicales libres que dañan nuestro sistema. Estudios se están haciendo en este momento para demostrar los efectos antibacterianos de la pinocembrina en la miel de abeja.[20]

Como hemos discutido anteriormente, los antioxidantes inactivan los radicales libres. Los radicales libres son los productos de desperdicios producidos al final de la digestión celular de las comidas. Ellos oxidan las células y las hacen envejecer antes de tiempo y paran su funcionamiento normal. Los radicales libres causan oxidación a nuestro cuerpo al igual que un clavo mojado se oxida y se corroe. Si tienes demasiados radicales libres, entonces envejecerás prematuramente, desarrollarás artritis y sufrirás infartos cardíacos y cerebrales antes de tiempo. Sin embargo si ingieres antioxidantes como los presentes en la miel, entonces estos antioxidantes neutralizan los radicales libres, inactivándoles y protegiéndote de sus daños prematuros.[21]

El Dr. Glenn Geelhoed, autor de "Secretos Naturales de Alrededor del Mundo" publicó un artículo en el cual los irlandeses tienen menos incidencia de diabetes que los ingleses y los investigadores creen, que esto se debe a que los irlandeses utilizan la miel para endulzar sus comidas, bebidas, etc., y los ingleses utilizan azúcar de caña.[22]

La miel está compuesta de tres tipos de azúcares: fructosa, glucosa y sucrosa. El azúcar de caña sólo tiene sucrosa. La sucrosa en realidad es glucosa vinculada a fructosa. En la miel el tipo de azúcar que predomina es la fructosa, en la caña de azúcar una vez que separas la fructosa de la glucosa terminas teniendo cantidades iguales de glucosa y fructosa. ¿Es esto importante? Claro que sí, las células de tu cuerpo sólo utilizan la glucosa para producir energía y la fructosa tiene que ser transformada en glucosa antes de que tus células la puedan quemar como energía. El pensamiento detrás de esto es que tiene que haber un paso extra para metabolizar la fructosa y, por lo tanto, tendrás que gastar energía extra para poder hacerlo. Si tienes que gastar más energía para hacer glucosa de fructuosa entonces habrá menos azúcares en exceso que luego son transformadas en grasa y almacenadas. Ochenta y cuatro gramos de miel es equivalente a 100 gramos de azúcar de caña, ya que la fructosa "sabe más dulce" a nuestras papilas gustativas que el azúcar de caña. Así que se necesita menos miel de abeja que azúcar de caña para obtener el mismo nivel de dulzura. Por lo tanto, si ingerimos miel en vez de azúcar de caña conseguiremos el mismo grado de dulzura consumiendo menos calorías. Menos glucosa, menos insulina, por lo tanto, menos almacenamiento de grasa, dejando libre más grasa para quemarla como energía, menos obesidad, menos arteriosclerosis, menos infartos cardíacos y cerebrales.

> **"y escribirás en ellas todas las palabras de esta ley, cuando hayas pasado para entrar en la tierra que Jehová tu Dios te da, tierra que fluye leche y miel, como Jehová el Dios de tus padres te ha dicho".**
>
> **Deuteronomio 27:3**

#8. Necesitamos descansar.

A menos que el cuerpo descanse lo suficiente, no podrá funcionar correctamente y se deteriora antes de tiempo. Cuando descansamos, la presión arterial baja, y el trabajo del corazón disminuye, el pulso se hace más lento y los músculos entran en un estado de relajamiento. Al nivel celular le das una oportunidad de recuperarse, brindándoles tiempo otra vez de producir los mensajeros químicos para comunicarse con sus compañeras, de manera que puedan funcionar en armonía. También al descansar le das tiempo a las células de obtener los nutrientes y oxígeno para producir la energía que ellas consumen cuando no están descansando. Si no le das oportunidad de relajarse, entonces la función celular se volverá perezosa, la persona se tornará más irritable y hasta sicótico. Privar de descanso a un individuo por demasiado tiempo eventualmente puede matarlo. En países desarrollados como el Japón y el mundo occidental, la sociedad demanda a las personas trabajar en exceso sin permitirles el descanso apropiado. La "siesta" es vista como un estigma negativo en las personas incorporadas al trabajo. Mientras más trabajas y menos descansas, el jefe te ve mejor y así tienes mejor oportunidad de conseguir un ascenso en el trabajo y un aumento de sueldo; también serás admirado por tus compañeros. La industrialización, avances tecnológicos, la competencia y la vanidad conjuran a los seres humanos a trabajar hasta morir. Los japoneses fueron uno de los primeros en caer en esta trampa. Ellos se dieron cuenta de su problema y designaron una palabra nueva y específica que quiere decir muerte por exceso de trabajo: "Karoshi." El ex-primer ministro del Japón, Keizo Obuchi era un hombre joven que trabajaba 18 horas todos los días sin descansar, llevándolo a un encuentro prematuro con "Karoshi." Los japoneses reconocieron que tenían un problema con la muerte prematura por el mucho trabajo. En el año 1969 un hombre de 29 años murió de un infarto cerebral por trabajar sin descansar. Al principio, lo llamaron "muerte repentina ocupacional". A medida que más jóvenes adultos siguieron sus pasos al cementerio y morían a diestra y siniestra por no descansar, los médicos se sintieron motivados a investigar qué era lo que estaba pasando. Doce mil personas jóvenes murieron por "Karoshi" en Japón durante la década de los años 1970. En el año 1982, los médicos japoneses publicaron un reporte al que llamaron "Karoshi". En este explican que estos jóvenes que murieron de "Karoshi" tenían en común que trabajaban largas horas todos los días, no tomaban un día de descanso ni vacaciones. Todos morían de infartos cerebrales o cardíacos. En la revista "The Internacional Journal of Health Services,"[23] el 4 de febrero de 1997 los japoneses reportaron que están tratando de implementar medidas para prevenir la muerte por trabajo en exceso en el siglo XXI d.C. Sin embargo, en Estados Unidos de América y en Europa occidental continúan ignorando este problema donde el ritmo de trabajo es tan largo y prolongado que ha llevado a sus ciudadanos a morir por infartos cardíacos y cerebrales, siendo estas las dos causas más comunes de muerte en esos países. Por ejemplo, miremos en el campo médico de los Estados Unidos, donde entrenan a sus médicos en postgrados por un período de tiempo que puede ser de tres a siete años, y trabajan 36 horas seguidas cada tres o cuatro días y sólo tienen, si acaso, un día libre al mes! Estos son los currículos de postgrados médicos que han sido establecidos por las instituciones médicas para entrenar a los suyos. Por eso no nos sorprende que la edad promedio de sobre vivencia de los médicos es de 52 años y usualmente un médico muere por eventos cerebro-vasculares o suicidio. Sin embargo, esto no crea conciencia para tratar de cambiar este exceso de trabajo a los médicos en postgrado. En la ley, Moisés le dice a los Israelitas, por lo menos diez veces, que deben tomar un día de descanso a la semana. El les dice en Génesis que hasta Dios que es Todo Poderoso tomó el séptimo día de descanso, después de haber trabajado por seis días bíblicos en la creación.

"Seis días trabajarás, y harás toda tu obra; mas el séptimo día es reposo a Jehová tu Dios; ninguna obra harás tú, ni tu hijo, ni tu hija, ni tu siervo, ni tu sierva, ni tu buey, ni tu asno, ni ningún animal tuyo, ni el extranjero que está dentro de tus puertas, para que descanse tu siervo y tu sierva como tú".

Deuteronomio 5:13-14

Tome nota, que todos tienen que descansar, no sólo los Israelitas, sino que también el extranjero que viva con ellos, y hasta los animales...

La razón de esta ley no es para beneficiar a Dios de alguna manera, ni porque El quiera hacernos las cosas difíciles. La razón de ella es para bienestar de nosotros, su creación amada. ¿Y qué de las vacaciones?

El Dr. Brooks B. Gump del departamento de Psicología de la Universidad Estatal de Pittsburg, nos reporta que "las vacaciones protegen la salud al disminuir el estrés y la tensión y proveen oportunidades para que nos involucremos en comportamientos reconstituyentes como es el ejercicio, interacción con la familia y amigos".

Ellos llegaron a esta conclusión después de analizar la data de un estudio que abarcó 9 años y en el cual participaron más de 12,000 hombres a alto riesgo de sufrir eventos cardiovasculares. "Aquellos que tomaban vacaciones regulares anuales tenían un bajo riesgo de morir de infartos, cuando lo comparamos con aquellos sujetos que no elegían tomar vacaciones" reportaron los investigadores.[24]

Cuán generoso es Dios nuestro Padre, nos da más leyes que incluyen vacaciones, les da los siete días de fiestas más importantes en el año, sin trabajo, 4 en la primavera y 3 en el otoño. Después añade el año sabático, de no trabajar por un año cada 7 años. Y lo lleva más lejos ordenándoles el año del Jubileo cada 50 años. Me imagino que nuestro Creador sabía que nuestra cultura trataría de llevar a sus ciudadanos a la muerte por trabajo en exceso o "Karoshi".

> **"Y esto tendréis por estatuto perpetuo: En el mes séptimo, a los diez días del mes, afligiréis vuestras almas, y ninguna obra haréis, ni el natural ni el extranjero que mora entre vosotros".**
>
> **Levítico 16:29**

> **"Pero en el mes primero, a los catorce días del mes, será la pascua de Jehová. Y a los quince días de este mes, la fiesta solemne; por siete días se comerán panes sin levadura. El primer día será santa convocación; ninguna obra de siervos haréis".**
>
> **Números 28:16-18**

> **"Y el séptimo día tendréis santa convocación; ninguna obra de siervos haréis".**
>
> **Números 28:25**

Si quiere saber más acerca de Los Días de Fiesta de Los Israelitas lea el libro de Números, capítulos 9, 28 y 29, de la Biblia.

#9. Evitar la Soledad

"El aislamiento social es un factor de riesgo significante en las enfermedades del corazón" nos dice el Doctor George Kaplan, de la Universidad de California, Escuela de Medicina. El condujo un proyecto de investigación en 1993 en el cual, por muchos años, participaron miles de residentes del Condado de Alameda en California y concluyó que la soledad conduce a una muerte temprana por enfermedades del corazón.

El Dr. Redford William, Director del Centro de Investigaciones de Medicina de Comportamiento de la Universidad de Duke, en Carolina del Norte, EEUU, declara:

"La Soledad como factor psicológico tiene un grado equivalente a niveles de colesterol alto, con riesgo a inducir infartos cardíacos".

Actualmente, hay un estudio que investiga el efecto de intervenciones psico-sociales en enfermedades cardíacas. Este estudio es auspiciado por El Instituto Nacional del Corazón, Pulmón y Sangre y participan Universidades prestigiosas como la Universidad de Duke, la Universidad de Miami y La Universidad de Standford, entre otras. El alto costo del tratamiento de las enfermedades asociadas al corazón ha convencido al famoso instituto Nacional de EEUU a que vale la pena invertir esta cantidad de dinero en encontrar tratamientos alternos para prevenir ataques cardíacos y recurrencias de segundos infartos, en caso de que sobreviva al primero.

En los países desarrollados del mundo occidental encontramos, entre la población de nuestros ancianos y en general, que la soledad es una epidemia que juega un papel significante produciendo ataques al corazón y embolias cerebrales. La población se muda de cada 3 a 5 años y no hay suficiente tiempo para desarrollar lazos sociales con nuestros vecinos. Ambos padres trabajan en exceso fuera de la casa, privando a nuestros niños y adolescentes de nuestra compañía; a nuestros infantes los dejamos en guarderías infantiles por horas preciosas sin la presencia de sus progenitores. A nuestros viejos los ponemos en casas de ancianos. Entonces nos preguntamos: ¿Por qué la soledad es una epidemia en nuestra cultura? como también, ¿Por qué los infartos al corazón es la causa número uno de muerte prematura en nuestro mundo?

Moisés nos dice en el libro de Génesis, que cuando Dios creó a Adán, a El no le pareció bien que el hombre estuviera solo. Este consejo es gratis, no le costó un centavo a la humanidad, pero, nosotros no lo escuchamos.

> **"Y dijo Jehová Dios: No es bueno que el hombre esté solo; le haré ayuda ideal para él".**
> **Génesis 2:18**

También en el quinto mandamiento, que es parte de las 613 leyes de los Israelitas, Dios nos manda a honrar a nuestros padres. ¿Los estamos honrando poniéndoles en casa de ancianos o abandonándolos? Dios nos promete "prolongar" nuestra vida si cuidamos de ellos.

> **"Honra a tu padre y a tu madre, para que tus días se alarguen en la tierra que Jehová tu Dios te da".**
> **Éxodo 20:12**

#10. Fomentar sentimientos positivos y evitar sentimientos negativos.

Cuando albergamos sentimientos negativos como la ira, el odio, el rencor, la envidia, etc., nuestro cerebro empieza a producir químicos, hormonas mensajeras que le dice a las glándulas adrenales (que están sobre los riñones), que aumenten la producción de cortisol, norepinefrina y adrenalina (epinefrina). Estas sustancias suben nuestra presión arterial, aceleran el palpitar del corazón, incrementando el trabajo de todos los sistemas orgánicos del cuerpo.

Si vivimos siempre bravos, furiosos, con resentimientos, sin perdonar y llenos de envidia, entonces nos cocinamos en los caldos de estas hormonas de tensión en detrimento de nuestro corazón, cerebro y hasta de nuestro sistema de inmunidad, llevándonos a una muerte prematura por infartos, apoplejías y hasta cáncer. El Dr. Redford Williams, director de investigaciones de medicina de comportamiento en Durham, Carolina del Norte, dice que sus investigaciones demuestran que la ira excesiva o la hostilidad son factores de riesgos que aumentan el peligro de infartos cardíacos y cerebrales. El nos dice: "Si las personas aprenden a controlar su temperamento esto les traerá beneficios". El primer paso es reconocer que la cólera inflexible es un riesgo para la salud de nuestro corazón y cerebro. [27] El recomienda que cuando estemos enfadados debemos seguir estas sencillas instrucciones para controlar la ira:

"Yo lo valgo".

1) ¿Es importante para mí lo que está pasando?
2) ¿Es esta rabia apropiada?
3) ¿Puede modificarse la situación?
4) ¿Vale la pena preocuparme de esta manera por lo que pasó?

Si la respuesta es "Sí" entonces ponte bravo, si la respuesta es "No" entonces no te enfades.

Otros psiquiatras de la Universidad de Duke como el Dr. Jiang Wei han publicado en la revista médica de JAMA lo siguiente: "Los pacientes cardíacos que tuvieron un resultado positivo en estudios de tensión tenían tres veces una mayor posibilidad de tener un evento cardíaco "serio" versus aquellos que tuvieron un resultado negativo".

También la Dra. Beth Gullete reportó en JAMA que: "Emociones negativas experimentadas durante el vivir diario pueden disparar el gatillo y producir daño cardíaco permanente," según el reportaje de Richard Merrit de la revista de investigaciones de la Universidad de Duke.

El cortisol es una hormona producida por las glándulas adrenales que se sientan sobre el polo superior de los riñones. Esta hormona es esencial para una vida larga y nos ayuda en el metabolismo de los carbohidratos, grasa y proteínas. Sin el cortisol no podemos resistir tensiones físicas o mentales y, hasta pequeñas enfermedades como la gripe, pudiera llevarnos a la muerte. Sin embargo, la producción constante o en exceso agudo del cortisol también nos puede llevar de seguro al fallecimiento por infartos cardíacos, apoplejías y aun cáncer. El cortisol sigue la sabiduría de obtener un balance en la vida: "No en exceso, ni tampoco muy escaso".

Cuando guardamos rencor y no perdonamos, el cortisol es generado continuamente. Mientras sigamos odiando, sintiendo angustia o ira el cortisol se seguirá "manufacturando"... Si robamos, envidiamos, mentimos, etc., entonces generamos sentimientos negativos en nuestros cerebros que son interpretados como de tensión y el cortisol será producido rápidamente...

El cortisol estimula la degradación de nuestros músculos para producir azúcar, para que podamos tener combustible listo para generar la energía necesaria en caso de que tengamos que correr y escapar a un peligro o enfrentarnos y pelear para salvar nuestras vidas. En caso de que este "estrés" sea algo constante, el cortisol continuará rompiendo los músculos uniformemente, consumiendo la masa muscular y produciendo debilidad. Al mismo tiempo más y más azúcar se estará generando del rompimiento de la proteína muscular como lo hemos discutido anteriormente en la sección #6 "Consumo de leche diario." Este exceso de azúcar aumenta los niveles de insulina, que eventualmente conllevará a que el organismo se haga "resistente" a esta y sobrevenga la Diabetes Melitos tipo dos, y aumenten las probabilidades de enfermedades cardíacas. Además, los niveles altos de cortisol aumentarán nuestra presión sanguínea que actuarán como navajas, causando numerosas cuchilladas pequeñitas en las paredes de las arterias, dañándolas y promoviendo la arteriosclerosis y la formación de coágulos sanguíneos. El resultado final es un infarto al corazón o al cerebro que puede ser mortal.

La nor-epinefrina y la adrenalina son otras dos ofensoras que son segregadas en momentos de "tensión". Encontramos una producción masiva de estas dos hormonas por dos sistemas diferentes que nuestro cuerpo opera para asegurarse que estamos "listos" cuando nos enfrentamos al peligro y hostilidad. El hipotálamo, en el cerebro, transmite un mensaje a través del sistema simpático, compuesto por cables de nervios que conectan al cerebro directamente con el músculo del corazón y sus arterias, para aumentar el número de las pulsaciones cardíacas y presión sanguínea. Lo logra por la secreción de nor-epinefrina y epinefrina por los terminales de los cables nerviosos, en el lugar de contacto con las células de los músculos del corazón y arterias. También utiliza un segundo sistema a través de las glándulas adrenales.

El hipotálamo por medio de los hilos nerviosos del sistema simpático ordena a las glándulas adrenales que fabriquen y segreguen en la sangre, grandes cantidades de nor-epinefrina y epinefrina. Así que los mismos mensajeros de "tensión" nor-epinefrina y epinefrina alcanzan el corazón y los vasos sanguíneos por dos avenidas diferentes; directamente a través de los terminales de los nervios e indirectamente por medio de la sangre que baña las arterias y el corazón.

¿Cómo trabajan la nor-epinefrina y la epinefrina?

1) Aumentan la presión sanguínea.
2) Aumentan la velocidad de las palpitaciones cardíacas.
3) Aumentan la concentración de azúcar en la sangre.
4) Aumentan la velocidad de coagulación de la sangre. (La formación de coágulos sanguíneos es prolongada).

También aumenta nuestra fuerza muscular y nuestra agudeza mental. Todas estas reacciones nos capacitan para combatir cualquier amenaza o correr escapando de ella. Pero, todo esto está supuesto a durar sólo minutos, cuando estamos bajo esta tensión nerviosa día tras día nuestro cuerpo paga un precio mortal. Una vez más, la conclusión es una serie de reacciones que si se prolongan por un largo tiempo aceleran nuestra muerte por infarto cardíaco o una embolia cerebral prematuramente.

¿Cuáles son otros mecanismos por los cuales sentimientos negativos acortan nuestras vidas?

Un estudio conducido en la Universidad Estatal de Ohio y publicado en la revista "Life Sciences" 2000:77:2267-2275, demuestra que las mujeres y los hombres que tienden a estar enfadados y tener sentimientos de hostilidad tienen niveles muy altos de homocysteina en la sangre. Homocysteina es un aminoácido (unidad estructural de las proteínas) que cuando lo encontramos en altos niveles daña los vasos sanguíneos acelerando la arteriosclerosis y promueve la formación de coágulos sanguíneos, conduciendo al infarto cardíaco o cerebral. Nosotros sabíamos que los niveles altos de homocysteina, la ira, y la hostilidad significaban altos riesgos de enfermedades cardíacas y cerebrales, pero éste es el primer estudio que prueba que la ira aumenta los niveles de homocysteina.[29]

La Asociación Americana del Corazón delínea en su página del Internet cuáles son las normas a seguir para evitar enfermedades cardíacas y apoplejías relacionadas a los altos niveles de homocysteina:

1) El 11 de junio de 1997 publicaron en la revista del JAMA los resultados del ensayo Europeo, donde encontraron que las enfermedades coronarias son dos veces más comunes en hombres y mujeres que tienen niveles altos sanguíneos de homocysteina. El riesgo era todavía más alto si fumaban o tenían hipertensión.
2) NEJM publicó el 24 de julio de 1997, que los pacientes con enfermedades cardíacas tenían de un 3.8 a un 24.7 por ciento de probabilidad más alta de morir de un infarto en los próximos años dependiendo de los niveles de elevación de homocysteina.

¿Y cómo nos afectan los sentimientos positivos?

Nosotros estamos conscientes de nuestras emociones en nuestros corazones; si estamos felices lo sentimos en el corazón.

¿Cómo puede ser que si es en nuestro cerebro que procesamos y controlamos nuestros pensamientos de que estamos felices, lo sentimos en el corazón?

Existe una red compleja e intrincada de nervios que enlazan el corazón y el cerebro. El área del cerebro encargada de controlar las emociones y las necesidades básicas es el sistema límbico, el hipotálamo es el presidente y el hipocampo y la amígdala son el congreso. Nuestros ojos, oídos, nariz, piel y corteza cerebral son los ciudadanos. Ellos mandan información al congreso y al presidente, que se encuentra profundamente localizado en el cerebro, de lo que está pasando en nuestro medio ambiente. Si el hipotálamo interpreta esta información como positiva, manda instrucciones al corazón que resplandezca en el calor de sentimientos llenos de paz, y disminuye la velocidad de los latidos del corazón y baja la presión arterial, vía la red de cables nerviosos que los mantienen conectados. También estos sentimientos positivos le dicen al hipotálamo que no hay "peligro" y por lo tanto, no hay necesidad de estimular a las glándulas adrenales para que produzcan norepinefrina, epinefrina ni cortisol. Entonces los niveles de cortisol están bajos y no hay degradación muscular para producir azúcar, azúcar, y más azúcar. El páncreas puede descansar y no hay aumento en la producción de insulina. Hay menos hambre, menos obesidad, menos diabetes, menos presión alta y menos enfermedades cardíacas y cerebrales.

La asociación de Psicología Americana se reunió en Washington el 8 de agosto del año 2,000. Ellos enunciaron que los investigadores han demostrado que los sentimientos positivos disminuyen los niveles de hormonas tensionales, siendo el cortisol una de las más importantes de ellas. Ellos discutieron cómo el lenguaje se correlaciona con los niveles de cortisol. Si nuestro lenguaje es cordial y conlleva amor, entonces nuestros niveles de cortisol son más bajos y nos mantenemos unidos en el matrimonio por más tiempo.[30]

El 26 de abril del año 2001, la cadena televisora ABC reportó un estudio acerca de sentimientos positivos que fue conducido por la Dra. Charlotte Van Oyen Witvliet del colegio de Holland en Michigan, EEUU. Los resultados fueron publicados en la revista "Psicological Science Journal". Setenta y un estudiantes del colegio participaron en el ensayo. Les midieron el pulso cardíaco cuando ellos estaban pensando acerca de perdonar a alguien que los había herido en el pasado, y su pulso bajó ½ latido cada cuatro segundos cuando estaban ocupados en esta actividad. Después voltearon el escenario y le dijeron a los estudiantes que meditaran acerca de alguien que les hizo daño y que ellos no lo perdonaban, sintiendo resentimiento y hasta odio hacia esa persona, e inmediatamente el pulso les subió 1.25 latidos cada 4 segundos y su presión arterial subió 2.5 mm de mercurio cada cuatro segundos.[31]

Cuando amamos, perdonamos, nos reímos, etc. la tensión es percibida como ausente por el hipotálamo en nuestro cerebro. La producción de cortisol se cierra, pero, también centros específicos que encontramos en el hipotálamo (que es el cuartel general para el control de las emociones) son estimulados para reducir tu presión arterial y pulso cardíaco independiente del cortisol. El corazón se comunica con el cerebro no solamente a través de las hormonas mensajeras que viajan en la sangre como el cortisol, epinefrina, norepinefrina y muchas otras, pero, también por medio de un sistema intrincado de cables nerviosos que aferran el corazón al cerebro.

Ambas vías son usadas durante emociones negativas que generan "tensión" para subir la presión y el pulso o cuando son emociones positivas perciben que la tensión está ausente y bajan la presión y el pulso. Mientras menos sea el esfuerzo al que someta el corazón, mejor hará su trabajo, prolongándole fielmente la vida a su dueño.

El Dr. Dean Ornish ha cubierto el tópico de amor y salud en numerosos ensayos que publicó en el año 1998, en su libro "Amor y supervivencia, la base científica de los poderes de curación de la intimidad". Uno de los estudios conducidos en la Universidad de Yale demostró que de 159 hombres y mujeres que se les hizo estudios angiográficos coronarios, aquellos que se sentían amados tenían menos obstrucción de las arterias del corazón, que los que no se sentían amados. Parece ser que no sólo el hecho de sentirse amado puede mejorar la salud del corazón y el cerebro, sino que, igualmente importante es dar amor. En estos estudios más de 700 adultos mayores demostraron que mientras más amor ellos daban a otros, más se beneficiaba su proceso de envejecimiento.[32] Entre las 613 leyes recibidas por los Israelitas en La Torá, hay diez específicas que hemos oído alguna vez como los "Diez Mandamientos".

Estas diez leyes centrales tienen como objetivo que aprendamos a desarrollar emociones positivas de amor hacia nuestro Creador y a nuestros compañeros humanos para así prolongar el viaje en este planeta; y al mismo tiempo nos enseña cómo evitar crear situaciones que nos lleven a sentir las emociones negativas que generan "Tensiones" y acortan nuestra vida.

1. **"Yo soy Jehová tu Dios"**
2. **No tendrás dioses ajenos delante de mí. No te harás imagen, ni ninguna semejanza de lo que esté arriba en el cielo, ni abajo en la tierra, ni en las aguas debajo de la tierra. No te inclinarás a ellas, ni las honrarás.**
3. **No tomarás el nombre de Jehová tu Dios en vano.**
4. **Acuérdate del día de reposo para santificarlo. Seis días trabajarás, y harás toda tu obra; mas el séptimo día es reposo para Jehová tu Dios; no hagas en él obra alguna, tú, ni tu hijo, ni tu**

hija, ni tu siervo, ni tu criada, ni tu bestia, ni tu extranjero que está dentro de tus puertas.

5. Honra a tu padre y a tu madre para que tus días se alarguen en la tierra que Jehová tu Dios te da.
6. No matarás
7. No cometerás adulterio
8. No hurtarás
9. No hablarás contra tu prójimo falso testimonio
10. No codiciarás la casa de tu prójimo, no codiciarás la mujer de tu prójimo, ni su siervo, ni su criada, ni su buey, ni su asno, ni cosa alguna de tu prójimo.

Éxodo 20:2-17

Las primeras cuatro leyes nos enseñan cómo amar a Dios y las últimas seis cómo amar a nuestros hermanos y hermanas. Las normas de cómo amarse asimismo están delineadas en las diez leyes.

La ira no sólo nos hace daño físicamente, sino que también abre las puertas para que cometamos actos que nunca hubiéramos hecho de otra manera y, vemos en Génesis, cuando Jacob da las bendiciones a sus doce hijos, cómo amonesta a Simeón y Leví por haberse dejado llevar por la ira:

> **"Simeón y Leví son hermanos; Armas de iniquidad sus armas. En su concejo no entra mi alma, ni mi espíritu se junte en su compañía. Porque en su furor mataron a hombres, y en su temeridad desjarretaron toros. Maldito su furor, que fue fiero; Y su ira que fue dura. Yo los apartaré en Jacob, y los esparciré en Israel".**
>
> Génesis 49:5-7

En el tercer libro de La Torá, Levítico, Dios nos advierte que no odiemos, sino, que si alguien nos hace daño lo discutamos con ellos, pero no lo odiemos:

> **"No aborrecerás a tu hermano en tu corazón; razonarás con tu prójimo, para que no participes de su pecado".**
>
> **Levítico 19:17**

¡Ah, el rencor! qué difícil es perdonar algunas veces y cuánto daño nos hace... si perdonáramos en el mismo instante que se nos ofende, nuestros cuerpos sufrirían menos...y nuestros corazones latirán en armonía muchos años más.

> **"No te vengarás ni guardarás rencor a los hijos de tu pueblo".**
>
> **Levítico 19:18[a]**

Envidia y codicia son sinónimos, ambas producen sentimientos negativos que consumen literalmente nuestro corazón y cerebro. Nuestro Señor nos lo advierte en el décimo mandamiento que no debemos codiciar.

Podemos encontrar a través de los libros de la Ley el mandato a amar a Dios, al prójimo y a nosotros mismos.

> **"Y amarás a Jehová tu Dios con todo tu corazón, y toda tu alma, y con todas tus fuerzas".**
>
> **Deuteronomio 6:5**

> **"Amarás a tu prójimo como a ti mismo".**
>
> **Levítico 19:18b**

Nuestro Padre en el cielo nos amonesta a amar no solamente a El y a nuestros hermanos, sino también amar al extranjero que está entre nosotros.

"Como a un natural de vosotros tendréis al extranjero que more entre vosotros, y lo amaréis como a ti mismo; porque extranjero fuisteis en la tierra de Egipto. Yo Jehová vuestro Dios".

Levítico 19:34

#11. La Oración

¿Puede la Oración prolongar nuestras vidas manteniendo los infartos cardíacos y apoplejías cerebrales a una distancia transoceánica de nosotros?

Es interesante saber que los líderes científicos en la investigación de "Sanar a través de la Oración" sean cardiólogos. ¿Habrá una conexión aquí?

Encontramos:

1) El Dr. Randolph Byrd de la Unidad Coronaria de cuidados intensivos del hospital General de San Francisco, California, publicó sus ensayos acerca de la oración distante y curaciones en el año 1988, en el cual participaron 393 pacientes. El grupo de "nacer otra vez" oró por el 50% de los pacientes y los datos arrojaron que estos pacientes por los cuales oraron tuvieron menos accidentes cardiovasculares y menos insuficiencia cardíaca que el grupo de pacientes por el cual no se oró.[33]
2) El Dr. Hebert Benson. Cardiólogo de la Universidad de Harvard y Director del Instituto de Mente/Cuerpo del Instituto Beth Israel Diacones, nos dice que en sus previos 25 años de experiencia en el campo médico le han enseñado que, "Es el simple acto de "creer" (Fe), lo que produce la curación del enfermo sin tener en cuenta, si la fe es en Dios, en el médico o en sí mismo". El continúa haciendo estudios acerca de la oración y el restablecimiento de la salud.[34]

3) El Dr. Krucoff, Director de Intervenciones Cardiovasculares y tratados clínicos de la Universidad de Duke, en Carolina del Norte, publicó los resultados de sus estudios acerca del efecto que ejercen "las oraciones a distancia" sobre los pacientes que se les hace cateterización de las coronarias. Por "oraciones a distancia" él quiere decir que, el grupo de personas que está orando por el paciente nunca estuvo en contacto físico con los que oran por él. También que el paciente ni siquiera sabía que alguien estaba orando por él. Se designaron ocho grupos diferentes de oración que pertenecen a diferentes Religiones: Budista, Bautistas, Moravian, etc., El grupo que ora sólo sabía el nombre del paciente, su edad y que tendría una intervención cardíaca.[35]

Los resultados fueron impresionantes, los pacientes por los cuales oraban tuvieron de un 50-100% menos de resultados adversos, que los pacientes por los cuales no oraron. Sólo 150 pacientes participaron en ese estudio, entonces, decidieron hacerlo todavía más grande.

En el estudio de MANTRA incluyeron 750 pacientes, y otra vez asignaron Judíos, Cristianos, Budistas y Musulmanes a orar por pacientes que se someterían a intervenciones cardíacas. Los resultados fueron publicados el 15 de octubre del 2003, por la cadena emisora Inglesa BBC (British Broadcasting), en esta vuelta no arrojaron ningún beneficio para los pacientes que recibieron las oraciones.

¿Y qué pasó esta vez?

El resultado del segundo estudio es contrario al del primer estudio. En realidad no es de extrañar. Porque Dios es claro en La Biblia, donde dice: "no pondrás a prueba al Señor tu Dios". Nos lo dice en el quinto libro de la Ley, Deuteronomio.

"No tentaréis a Jehová vuestro Dios, como lo tentasteis en Masah".

Deuteronomio 6:16

Es más, el libro número 40 de la Biblia es el Evangelio de Mateo, Satanás pone a prueba a Jesucristo 3 veces, para que pruebe que Él es el hijo de Dios, y en la segunda prueba le dice:

> **"Entonces el diablo le llevó a la santa ciudad, y le puso de pie sobre el pináculo del templo, y le dijo: Si eres Hijo de Dios, échate abajo; porque escrito está: A sus ángeles mandará acerca de ti, y, en sus manos te sostendrán, de modo que no tropieces con tu pie en piedra".**
>
> **Mateo 4:5-6**

¡Compruébelo usted mismo! Está en el libro número 19 en la Biblia, Salmo 91:12. Ya ve usted, Satanás se sabe bien la Biblia, ¿Y usted se la ha estudiado?

> **"No te sobrevendrá mal, ni plaga tocará tu morada. Pues a sus ángeles mandará acerca de ti, Que te guarden en todos tus caminos. En las manos te llevarán, Para que tu pie no tropiece en piedra".**
>
> **Salmo 91:10-12**

Y Jesucristo le contestó con Deuteronomio 6:16, (Antiguo Testamento). Pero también la cita del Nuevo Testamento:

> **"Jesús le dijo: Además está escrito: No pondrás a prueba al Señor tu Dios".**
>
> **Mateo 4:7**

Si Jesucristo, siendo el hijo de Dios, usó las sagradas escrituras de la Biblia para vencer las tentaciones de Satanás, ¿Cómo nosotros podemos defendernos de las tentaciones del maligno si no conocemos lo que dice la Biblia?

La Torá habla acerca de la oración a Dios y es el mandato

número 22 de las 613 leyes dadas a los Israelitas: Éxodo 23:25; Deuteronomio 6:13.

> **"Mas a Jehová vuestro Dios serviréis, y él bendecirá tu pan y tus aguas; y yo quitaré toda enfermedad de en medio de ti".**
>
> **Éxodo 23:25**

> **"A Jehová tu Dios temerás, y a él solo servirás, y por su nombre jurarás".**
>
> **Deuteronomio 6:13**

Para los Israelitas, orar es una manera de servir a Dios. De los 5 libros del Pentateuco (La Torá) encontramos la palabra orar en 4 de ellos, solamente el libro de Levítico no contiene la palabra en sí. Temprano en Génesis vemos que Adán y Eva tuvieron un tercer hijo llamado Set, que quiere decir "concedido" o sea que Dios ha concedido darles otro hijo después que Caín mató a Abel.

> **"Y conoció de nuevo Adán a su mujer, la cual dio a luz un hijo, y llamó su nombre Set: Porque Dios (dijo ella) me ha sustituido otro hijo en lugar de Abel, a quien mató Caín. Y a Set también le nació un hijo, y llamó su nombre Enós. Entonces los hombres comenzaron a invocar el nombre de Jehová".**
>
> **Génesis 4:25-26**

Y así con Enós empieza el hombre a orarle a Dios.

También en Génesis leemos cómo el Rey de Egipto Abimelec, pensando que Sara era sólo la hermana de Abraham, la toma para sí, mas Dios se le aparece a Abimelec en sueños y no permite que Abimelec toque a Sara y le ordena que se la devuelva a

Abraham. Dios también le dice que si obedece, Abraham orará por la vida de Abimelech. Y lee así:

> **"Y le dijo Dios en sueños: Yo también sé que con integridad de tu corazón has hecho esto; y yo también te detuve de pecar contra mí, y así no te permití que la tocases.**
> **Ahora, pues, devuelve la mujer a su marido; porque es profeta, y orará por ti, y vivirás. Y si no la devolvieres, sabe que de cierto morirás tú, y todos los tuyos".**
>
> **Génesis 20:6-7**

Más adelante en la historia, Abimelec obedece a Dios, devolviéndole a Sara a Abraham, y Abraham le ora a Dios por el rey y también por la salud de su familia:

> **"Entonces Abraham oró a Dios; y Dios sanó a Abimelec y a su mujer, y a sus siervas, y tuvieron hijos. Porque Jehová había cerrado completamente toda matriz de la casa de Abimelec, a causa de Sara mujer de Abraham".**
>
> **Génesis 20:17-18**

En el libro de Éxodo, 400 años después, otro rey de Egipto, el Faraón, le pide a Moisés que le ore a Dios, para que se lleve todas esas plagas con que Egipto es azotado:

> **"Entonces Faraón llamó a Moisés y a Aarón, y les dijo: Orad a Jehová para que quite las ranas de mí y de mi pueblo, y dejaré ir a tu pueblo para que ofrezca sacrificios a Jehová".**
>
> **Éxodo 8:8**

Como es de esperar, Moisés le ora a Dios y las ranas y sapos se van.

"Entonces salieron Moisés y Aarón de la presencia de Faraón. Y clamó Moisés a Jehová tocante a las ranas que había mandado a Faraón.
E hizo Jehová conforme a la palabra de Moisés, y murieron las ranas de las casas, de los cortijos y de los campos".

Éxodo 8:12-13

Pero, tan pronto desaparecen, el Faraón cambia de opinión y no deja ir a los Israelitas, y por lo tanto, una plaga nueva entra a Egipto y el Faraón le pide a Moisés que ore una vez más a Dios, y así lo hace Moisés. Y hacen esto el Faraón y Moisés 10 veces, hasta que finalmente el Faraón deja a Los Israelitas ir libres con Moisés. En el libro de Números, encontramos a los Israelitas dando vueltas por el desierto y ellos empiezan a quejarse de sus circunstancias. Dios los oye y los castiga mandándoles fuego para quemarlos. Los Israelitas comprenden el amor de Dios hacia ellos y le piden a Moisés que ore.

"Aconteció que el pueblo se quejó a oídos de Jehová; y lo oyó Jehová, y ardió su ira, y se encendió en ellos fuego de Jehová, y consumió uno de los extremos del campamento.
Entonces el pueblo clamó a Moisés, y Moisés oró a Jehová, y el fuego se extinguió".

Números 11:1-2

En el último libro de La Torá, Deuteronomio, Moisés les recuerda a los israelitas cuando él se fue por 40 días al Monte Sinaí a recibir la Ley de Dios, La Torá, y el pueblo se pone impaciente con el retrazo de Moisés y ellos hacen un becerro de oro para adorarlo. Dios los amenaza con destruir toda la nación de Israel y Moisés le ora a Dios que no haga eso:

> “Rebeldes habéis sido a Jehová desde el día que yo os conozco.
> Me postré, pues, delante de Jehová; cuarenta días y cuarenta noches estuve postrado, porque Jehová dijo que os había de destruir.
> Y oré a Jehová, diciendo: OH Señor Jehová, no destruyas a tu pueblo y a tu heredad que has redimido con tu grandeza, que sacaste de Egipto con mano poderosa.
> Acuérdate de tus siervos Abraham, Isaac y Jacob; no mires a la dureza de este pueblo, ni a su impiedad ni a su pecado”,
>
> Deuteronomio 9:24-27

Queridos lectores, la relación entre Creador y creación se fortalece a través de la oración, es así que nosotros le hablamos a Dios, ayudando a crear un lazo indestructible de amor. Y la manera de Dios hablarnos a nosotros es a través de la Biblia, él ya habló por medio de 40 profetas y dejó escrito en 66 libros lo que nos quiere decir a todos y, en los primeros 5 libros que nos escribió, nos dice muchas veces que estudiemos Su palabra y la guardemos en nuestras mentes y corazones:

> “Y estas palabras que yo te mando hoy, estarán sobre tu corazón; y las repetirás a tus hijos, y hablarás de ellas estando en tu casa, y andando por el camino, y al acostarte, y cuando te levantes”.
>
> Deuteronomio 6:6-7

#12. Caminar a Diario.

Los estudios científicos hechos acerca de los beneficios del caminar o hacer ejercicios aeróbicos por 30 minutos todos los días, son numerosos. Sólo voy a citar el último que fue publicado en la revista "The Journal of The American Medical Association", (JAMA) en septiembre del 2004, por el Dr. Timothy Wessel, Médico Investigador Jefe de la Universidad de la Florida. http://www.cnn. com/2004/HEALTH/conditions/09/08/obesity.heart.reut/index. Html.

El estudio abarcó 906 mujeres de 58 años de edad promedio, entre los años 1996-2000. El 76% de las mujeres estaban sobrepeso y les preguntaron acerca de su actividad física. Durante el estudio 68 mujeres murieron y 455 sufrieron infartos cardíacos o cerebrales.

Cuando se hizo el análisis por categoría de peso y actividad física, encontraron que las personas que estaban moderadamente activas tendían a sufrir menos eventos cardiovasculares y cerebrales que las mujeres que eran sedentarias, independientemente de si estaban en sobrepeso o no.

Actividad física moderada es equivalente a 30 minutos de actividad física sin parar, la mayoría de los días de la semana.

En esa misma revista JAMA, también se publicó un artículo donde las mujeres con sobrepeso tienen mayor tendencia a desarrollar diabetes melitos, que conlleva al infarto cardíaco y cerebral aunque estén activas físicamente.

Lo mejor, entonces, es hacer ejercicio y mantener el peso bajo.

> **"Pero engordó Jesurún, y tiró coces (Engordaste, te cubriste de grasa); Entonces abandonó al Dios que lo hizo, Y menospreció la Roca de su salvación".**
>
> **Deuteronomio 32:15**

Engordar no sólo parece hacernos daño físico, pero, también nos hace daño espiritual, porque creemos que la abundancia de comida que tenemos es por nuestro propio esfuerzo y nos olvidamos de Dios, quien es nuestra Roca y nuestra Salvación.

Volviendo al ejercicio, La Asociación del Corazón Americana[36] nos da las siguientes directivas de por qué el ejercicio aeróbico de 30 minutos diarios beneficia nuestra salud:

1) El ejercicio diario disminuye los riesgos de enfermedades cardíacas al mejorar la circulación sanguínea.
2) Mantiene el peso bajo control.
3) Mejora los niveles de colesterol.
4) Previene y ayuda a controlar la presión arterial elevada.
5) Ayuda a manejar el "estrés".
6) Disminuye la tensión mental.

Debemos establecer estos buenos hábitos en nuestros niños para que cuando sean adultos el ejercicio y comer saludablemente sea parte natural de sus vidas y no tengan que tratar de empezar un nuevo estilo de vida, que les costará mucho esfuerzo, o de lo contrario, tengan que pagar con su salud cardíaca y cerebral.

En el primer libro de la Biblia, Génesis, vemos que tan pronto Dios hace a Adán, lo pone a trabajar. No es un trabajo sedentario el que le da de jardinero, labrando el Huerto del Edén.

> **"Tomó, pues, Jehová Dios al hombre, y lo puso en el huerto de Edén, para que lo labrara y lo guardase".**
>
> **Génesis 2:15**

Note que el trabajo físico le fue dado al hombre por Dios antes de cometer el pecado original de la desobediencia, así que desde que Dios nos hizo nos diseñó para el trabajo. Después del pecado, Dios intensifica el trabajo del hombre:

> **"Y al hombre dijo: Por cuanto obedeciste a la voz de tu mujer, y comiste del árbol de que te mandé diciendo: No comerás de él; maldita será la tierra por tu causa; con dolor comerás de ella todos los**

días de tu vida. Espinos y cardos te producirá, y comerás plantas del campo.
Con el sudor de tu rostro comerás el pan hasta que vuelvas a la tierra, porque de ella fuiste tomado; pues polvo eres, y al polvo volverás".

Génesis 3:17-19

A medida que leemos La Torá, encontramos que los Patriarcas caminaban grandes distancias. Por ejemplo, Dios le dice a Abraham que recoja todas sus pertenencias y su familia de Ur (hoy en día está en Irak), y que vaya a la tierra prometida en Canaán, que hoy es Israel.

"Pero Jehová había dicho a Abram: Vete de tu tierra y de tu parentela, y de la casa de tu padre, a la tierra que te mostraré.
Y haré de ti una nación grande, y te bendeciré, y engrandeceré tu nombre, y serás bendición. Bendeciré a los que te bendijeren, y a los que te maldijeren maldeciré; y serán benditas en ti todas las familias de la tierra".

Génesis 12:1-3

Abraham llega a Siquem, que hoy en día está cerca de Nablus en el centro de Israel, esto es una caminata de 1,200 millas. ¡Eso es lo que se llama caminar!

"Y pasó Abram por aquella tierra hasta el lugar de Siquem, hasta el encino de More; y el cananeo estaba entonces en la tierra".

Génesis 12:6

"Y Abram partió de allí, caminando y yendo hacia el Neguev".

Génesis 12:9

Claramente en Génesis encontramos el mandamiento de caminar, Dios le dice a Abraham:

> **"Levántate, camina por la tierra a lo largo de ella y a su ancho; porque a ti la daré".**
>
> **Génesis 13:17**

Isaac, el hijo de Abraham por el cual vendría la descendencia en la que se cumpliría la promesa de bendición para todas las naciones, también caminó por el medio oriente, el hijo de Isaac, también caminó maratones. El hijo de Jacob es mandado a Egipto y después de la gran hambruna que ocurrió en la tierra durante esa época manda a todos los israelitas caminando desde Israel hasta Egipto.

La palabra caminar aparece en La Torá treinta dos veces. Moisés durante su primer viaje a pie, camina aproximadamente 600 millas desde Menfis, Egipto, hasta la tierra de Madián, hoy en día Arabia Saudita, y de regreso a Menfis, Egipto, fue aquí que Moisés mató al egipcio y tuvo que escapar temiendo por su vida.

> **"Oyendo Faraón acerca de este hecho, procuró matar a Moisés; pero Moisés huyó de delante de Faraón, y habitó en la tierra de Madián".**
>
> **Éxodo 2:15**

Durante el segundo viaje de Moisés, camina aún más, Moisés lleva a los Israelitas desde Egipto a Israel, toman una desviación por el desierto y caminan más de 1,000 millas en un período de 40 años.

El sentido simbólico de caminar en los caminos del Señor, lo entendemos como parte de sus mandamientos, pero, al igual que las otras maravillas en este libro santo, me pregunto si no nos está diciendo también que andemos en el sentido literal de la palabra:

"Porque si guardareis cuidadosamente todos estos mandamientos que yo os prescribo para que los cumpláis, y si amareis a Jehová vuestro Dios, andando en todos sus caminos, y siguiéndole a él ..."

Deuteronomio 11:22

2

SIDA/VIH

Si vivieras en África, al sur del Desierto de Sahara, probablemente morirías de una enfermedad relacionada al Virus de Inmunodeficiencia Humana, SIDA/VIH.[1]

El 95% de las personas infectadas con este virus viven en países en vía de desarrollo. Esta enfermedad la podemos encontrar en todo los continentes del mundo.

En diciembre del año 2003 se reportaron 37 millones de adultos y 2.5 millones de niños afectados globalmente...

Esta estadística es 50% más alta que lo que proyectaba la Organización Mundial de la Salud (WHO), para este año.

En este momento está destrozando al África, dejando más de 11 millones de niños huérfanos y hay 26.6 millones de habitantes viviendo con esta enfermedad mortal para fines del año 2003.

En el año 2001, en nuestra visita a Durham, Sur África, visitamos una villa muy pequeña y remota en el país de Lesotho, el cual hace fronteras con Sur África en el pase de Sani, conocido mundialmente como el techo del África.

Cuando uno se encuentra en esta área del mundo, parece que se ha transportado hacia el pasado en una máquina del tiempo. El paisaje es muy rústico, todo parece del color marrón o de alguno de sus diferentes matices. Usted puede viajar en estas calles de tierra por kilómetros a la vez y si acaso, encontrará algunos pastores guiando a sus ovejas. Hace frío hasta en el verano aunque su altura es sólo de 5,000 pies sobre el nivel del mar. Visitamos la choza de una de los aldeanos, la llamamos Matusa. Su hospitalidad era admirable, compartiendo lo poco que tenía con nosotros, cocinándonos un pan en un horno subterráneo, en el centro de su casita hecha de barro, piedra y paja.

No había electricidad, ni electrodomésticos, ni inodoros, ni agua potable, pero, el Virus de Inmunodeficiencia Humana ya había llegado allí... La nieta de 20 años de edad de Matusa la habían enterrado hacía dos noches. Murió de tuberculosis, su cuerpo era víctima del SIDA/ VIH y su sistema de inmunidad no podía combatir la bacteria de la tuberculosis. Ella dejó tres niños huérfanos y no sabemos si los niños también tenían el virus del VIH en su sangre...

¡Si solamente hubiéramos escuchado!

¡Si solamente hubiéramos compartido este conocimiento!

¡Si solamente hubiéramos obedecido!

Entonces Matusa no hubiera tenido que criar tres biznietos, huérfanos, y lo más seguro, infectados con este virus fatal. El SIDA/VIH es la cuarta causa más común de muerte en el mundo, pero es la número uno de muerte en el África. Uno de cada cinco Africanos muere preso de esta espantosa plaga.2 En el año 2003 está afectando en proporciones epidémicas a Europa Oriental y

Asia Central, donde se reportaron 230,000 casos nuevos.

Por primera vez empezamos a hablar de esta pestilencia en Estados Unidos de América en los años 1980. La conocían en África como la enfermedad "enflaquesedora" debido a la progresiva pérdida de peso de sus víctimas, hasta que eran vencidos, ya sea por el cáncer o por infecciones atípicas. La Ciencia puso de nuevo sus talentosos a trabajar para aislar el virus culpable de tanto daño. El VIH puede vivir dentro del cuerpo, sin producir síntomas, por muchos años. Eventualmente toma control de nuestro sistema de inmunidad, destruyéndolo, dejándole el camino libre a cualquier bacteria, virus u hongos para matar a su anfitrión, nosotros. Cuando nuestro sistema de Inmunidad no trabaja bien, también le da libertad a las células cancerosas a multiplicarse y propagarse por el cuerpo en su totalidad, hasta aniquilarlo. No quedan soldados disponibles en el ejército defensor de nuestro organismo para combatir las células del cáncer o los gérmenes infecciosos.

El VIH cuando se despierta destruye nuestro sistema de inmunidad, poco a poco, pero, letalmente seguro.

El virus del SIDA entra y aniquila las células que llamamos linfocitos, las células "T-ayudantes". Este tipo de glóbulo blanco sanguíneo del sistema inmunológico es el encargado de coordinar o ayudar todas nuestras defensas. Las células "T-ayudantes" fabrican proteínas y limfokininas, que tienen como función llevarle el mensaje a las otras ramas del sistema inmunológico, acerca de las instrucciones de lo que tiene que hacer cada célula para defender nuestro organismo contra infecciones y cáncer. Si las células "T-ayudantes" no pueden trabajar, todo el sistema inmune se paraliza. El virus VIH parece ser muy inteligente, puesto que ataca la "cabeza," la célula "T-ayudante," asumiendo el control absoluto del cuerpo de defensa, mientras que se reproduce sin el riesgo de que el sistema inmune destruya sus crías.

El virus de VIH parece saber que nosotros podemos descifrar su estructura física, aislarlo y hacer vacunas en contra del SIDA para prevenir que el virus VIH tome posesión de nuestros cuerpos.

¿Sabes lo que él hace?

Este virus cambia su apariencia, mutándolo frecuentemente. Cambia su estructura de manera tal que si nosotros hacemos una vacuna en contra de él, la vacuna no puede reconocerlo.

Mientras escribo todo esto, parece que fuera una pesadilla o una película de horror de ciencia ficción y me siento llena de tristeza, pues, sé que es un hecho.

¿De dónde viene este virus VIH?

El departamento de educación de la universidad de Oregón publicó en su panfleto "The HIV Times" un estudio muy interesante acerca de los orígenes de este virus mortal.

Parece ser que el VIH1 causante de epidemias mundiales de SIDA en los humanos en los años 1930's vino de un chimpancé en África. Tanmoy Bhattachary, un investigador del Laboratorio Nacional de Los Alamos, en Nuevo México, Estados Unidos, midió el índice de cambio genético en la estructura de este virus y publicó los resultados en la revista "The Journal of Science".3 Puede ser que el VIH grupo M, el cual es el responsable del SIDA mundialmente, cruzó al otro lado, desde el chimpancé al ser humano una sola vez, o evolucionó del VIS (Virus de Inmunodeficiencia Simio) al VIH en un solo paciente humano. El Dr. Bhattachary nos dice que entonces el virus se propagó desde ese primer paciente humano al resto del mundo a través de la explosión de viajes intercontinentales y la revolución sexual del siglo XX.

En la historia africana encontramos grupos de personas que comían chimpancé en épocas de hambruna o si se adentraban a las selvas escapando diferentes persecuciones, para poder sobrevivir, tenían que comer monos. Existe la suposición que esta puede ser otra de las maneras que el virus "saltó" del chimpancé al ser humano. Otros lo comen porque lo consideran una delicia al paladar humano.

Una de las 613 leyes dada a los Israelitas por Dios, a través de Moisés, les advierte que no coman carne de monos:

> **"Hablad a los hijos de Israel y decidles: Estos son los animales que comeréis de entre todos los animales que hay sobre la tierra. De entre los animales, todo el que tiene pezuña hendida y que rumia, éste comeréis".**
>
> **Levítico 11:2-3**

Nosotros sabemos que los monos son mamíferos y no tienen pezuña ni rumian, por lo tanto, no se nos ha recomendado comer este tipo de carne.

Dudo mucho que los nativos de Africa tenían este conocimiento. No habían suficiente Judíos enseñándoles y los Cristianos que sí fueron al Africa, probablemente omitieron enseñarles estas leyes del Viejo Testamento. Lo consideran legalista y no entendían que esas leyes no son un yunque para el cuello, sino, recomendaciones de amor de nuestro Creador, que nos diseñó y que sabe mejor que nadie lo que nuestro cuerpo necesita de alimento para funcionar bien. No pudieron discernir que la ley no nos salva para la eternidad, pero, sí nos ayuda a vivir una vida más feliz y saludable en este mundo. Nuestro Creador nos amó tanto que nos mandó a su hijo Jesús para que pudiéramos tener vida eterna, ¿Cómo este mismo Dios que es amor, podría recomendarnos hacer algo que le hiciera daño a nuestro cuerpo?

Otros piensan que el SIDA/VIH pasó de un chimpancé a un ser humano a través de relaciones sexuales entre mono y hombre. Nuestro Diseñador también dejó guías explícitas en sus leyes acerca del comportamiento sexual y nos instruye en La Torá que no debemos tener relaciones sexuales con animales.

"Ni con ningún animal tendrás ayuntamiento amancillándote con él, ni mujer alguna se pondrá delante de animal para ayuntarse con él; es perversión".

Levítico 18:23

Las consecuencias a pagar son caras cuando decidimos omitir ciertas cosas de la Palabra de Dios, porque pensamos como humanos y creemos que ciertas cosas son para otra época y ahora que hemos sido bendecidos con la vida eterna a través de Su Hijo Jesús, el cual venció a la muerte, creemos que ya no necesitamos de esas viejas leyes. Pero ese mismo Creador nos previno que no le quitáramos ni le añadiéramos a su palabra.

"No añadirás a la palabra que yo os mando, ni disminuiréis de ella, para que guardéis los mandamientos de Jehová vuestro Dios que yo os ordené".

Deuteronomio 4:2

El Centro de Control de Enfermedades (CDC) es una organización de salud del gobierno de Estados Unidos de América, que se encuentra en Atlanta, Georgia. Está encargada de diseñar estudios científicos pertinentes a la salud y subsecuentemente componer normas en enfermedades infecciosas en "USA" y en todo el mundo. Una de sus funciones claves trata de la prevención de estas infecciones, especialmente del SIDA/VIH, que ha matado a más de 21.8 millones de personas en el mundo, o sea que la guerra del SIDA ha tenido más víctimas que todas la guerras mundiales del siglo XX.

Ahora procederemos a discutir las sugerencias del "CDC" de cómo evitar contraer el virus del VIH en nuestros cuerpos.

#1. Evitar tener contacto sexual (anal, vaginal, oral) con una persona infectada con el virus del VIH.

En el año 1983 la ciencia aisló e identificó el virus de VIH. Los científicos descubrieron que por lo general se transmitía sexualmente. En sus principios fue estudiado en Estados Unidos entre hombres homosexuales que estaban muriendo de infecciones discretas, no-amenazadoras, que en condiciones normales del sistema inmunológico, ni siquiera hubieran causado una leve infección, porque un sistema inmunológico saludable nunca hubiera permitido que ese germen hubiera hecho "su casa" en nuestro cuerpo.

Sin embargo, estos hombres se estaban consumiendo y generalmente muriendo con estas infecciones triviales o cánceres rarísimos. Ahora, las mujeres que tenían relaciones sexuales con estos hombres infectados con el VIH también contraían la enfermedad del SIDA. Por lo tanto, la primera recomendación del CDC fue evitar las relaciones sexuales con personas infectadas.

Las relaciones sexuales siendo una de las fuerzas que mueven a la humanidad, ya sea porque da placer y bienestar o porque asegura la continuación de la raza humana, es discutida extensamente en los primeros cinco libros de la Biblia. Cuando Dios nos dejó instrucciones escritas la primera vez, de cómo alcanzar la felicidad y prolongar nuestras vidas en la tierra, El nos otorgó con abundantes especificaciones en la materia del sexo.

Uno de sus más consistentes enseñanzas es evitar las relaciones homosexuales:

> **"No te echaras con varón como mujer; es abominación".**
>
> **Levítico 18:22**

En la década de los años 1980 el grupo de personas en nuestra sociedad, cuyas vidas terminaron prematuramente, fueron los hombres homosexuales.

El tema de la homosexualidad va más allá del alcance de este libro. Suficiente con decir que si te dejas dominar por los deseos de tu cuerpo y actúas de acuerdo a ellos sin tener en cuenta los daños que te ocasionará como resultado de tus actos, pagarás consecuencias graves acortando tu viaje en esta vida. No importa si esa inclinación en la que actúas es adulterio, fornicación, homosexualismo, alcoholismo, droga adicción, asesinato, idolatría, engaño, vanidad, glotonería, adicción al trabajo, etc. Terminas mancillando el cuidado de tu cuerpo y pereces antes de tiempo en tu excursión por este planeta.

> **"No contaminarás a tu hija haciéndola fornicar, para que no se prostituya la tierra y se llene de maldad".**
>
> **Levítico 19:29**

> **"Tomará por esposa a una mujer virgen".**
>
> **Levítico 21:13**

> **"Si alguno engañare a una doncella que no fuera desposada, y durmiera con ella, deberá dotarla y tomarla por mujer".**
>
> **Éxodo 22:16**

En estos pasajes de La Torá vemos que nuestro Dios nos lleva hacia la abstinencia y coloca las relaciones sexuales dentro del contexto del matrimonio entre un hombre y una mujer, con énfasis en la fidelidad sexual y una relación monógama.

Mientras más parejas sexuales uno tiene, más grandes son las probabilidades de adquirir SIDA/VIH, ya que sabemos que el virus es transmitido a través del semen, secreciones vaginales y sangre. Cada vez que usted tiene relaciones sexuales con alguien, usted también está teniendo relaciones sexuales con todas las personas que su pareja tuvo relaciones sexuales durante su vida pasada. Por ejemplo, si usted sólo tuvo relaciones sexuales con tres personas durante su vida y cada una de esas personas tuvo relaciones sexuales con tres otras personas, entonces, usted tuvo relaciones con 3 + 3 +3 +3 = 12. Pero no para aquí, si cada una de esas 9 personas extras con las que usted no contaba, tuvieron relaciones sexuales con 3 otros individuos, ya van aproximadamente 30 contactos y si así seguimos, usted se dará cuenta que el número es infinito de personas por las cuales usted puede haber recibido una enfermedad venérea. ¿Usted creía que sólo eran tres?

Sin embargo, si usted sólo tuvo relaciones sexuales con 1 pareja y ella tuvo relaciones sexuales sólo con usted, entonces las probabilidades de adquirir esta enfermedad sexual es cero; siempre que ninguno de los dos haya recibido transfusiones sanguíneas contaminadas o nacido de una madre con SIDA.

Fíjese, que cuando Dios hace a Adán y ve que Adán se sentía solo, Dios sólo le hace una mujer, Eva; Dios no le hizo dos ni tres mujeres.

> **"Y dijo Jehová Dios: No es bueno que el hombre esté solo; le haré ayuda idónea para él".**
> **Génesis 2:18**

En el próximo pasaje vemos cómo refuerza el concepto de un hombre y una mujer en la vida conyugal:

> **"Por tanto, dejará el hombre a su padre y a su madre y se unirá a su mujer, y serán una sola carne".**
> **Génesis 2:24**

La educación es esencial en tratar de prevenir el SIDA y muestra de esto lo tenemos en el país africano de Uganda, que a pesar de ser tan pobre como el resto del continente, ha disminuido la incidencia del SIDA por un 50% desde el año 1990 al 2001, usando los principios Bíblicos de la castidad y la fidelidad. En Uganda se promovió la abstinencia como medio principal de evitar la adquisición de esta enfermedad mortal. A las personas de Uganda, no les gustaban los condones y enfocaron todos sus esfuerzos en la abstinencia primero, y segundo, la fidelidad. Un estudio de la Universidad de Harvard reportó estas estadísticas:

El número de mujeres embarazadas que estaban infectadas con VIH al final de los años de 1980 era 21.2% y después de implantar el programa para la juventud de abstinencia y fidelidad este número disminuyó a sólo 6.2%.

Uganda fué el único país en Africa en promover estos principios Bíblicos. En países como Botswana, que sólo promovió el uso de condones, tenían en 2001 el 38% de sus mujeres embarazadas con el virus de VIH, en contraste con las mujeres embarazadas de Uganda de solo un 6.2%.

El país africano Bostwana cambió su dirección al ver el triunfo de Uganda y pusieron abstinencia y fidelidad antes que condones.

Estados Unidos tampoco ha abrazado los conceptos Bíblicos de la abstinencia y la fidelidad, concentrándose en promover el uso de condones. En noviembre 26 del 2003, el CDC, centro de enfermedades infecciosas reportó que nos encontramos con el mayor número de personas infectadas con el VIH, nunca visto en su historia; casi un millón de americanos.

También nos dice que el número de diagnósticos de VIH subió un 5% en los últimos cuatro años 1999-2002, afectando primordialmente a los americanos africanos (55%), hispanos (26%) y hombres homosexuales y bisexuales (17%).

Estiman que todos los años hay 40,000 casos nuevos de VIH en los Estados Unidos de América y aproximadamente hay 280,000 personas que tienen el virus y no lo saben.

¿Y en nuestros países del Caribe y Latino América?

¿Cómo nos trató el SIDA en el año 2003?

Más de dos millones de hispanos viven hoy en día con el virus de la inmunodeficiencia humana en la América Latina y el Caribe. Sólo en el año pasado se reportaron 200,000 casos nuevos y por lo menos 100,000 hispanos murieron en el mismo período de tiempo. Después del Africa, este es el número de muertos más grande reportado en el mundo, relacionados con el SIDA.

¿Qué estamos haciendo para ayudar a nuestra gente?

¿Estamos mirando hacia el otro lado, ignorando el problema?

¿Estamos siendo la boca, los pies y las manos de Dios para llevar el mensaje que El nos dejó hace más de 3,500 años?

#2. No compartir agujas ni jeringuillas con una persona contaminada con el virus de VIH.

El raciocinio aquí es que puedes pasar el virus de una persona a otra a través de productos sanguíneos, compartiendo utensilios para inyectarse la droga y adquiriendo esta enfermedad mortal de esta manera. Ver punto #3 "Evitar transfusiones sanguíneas de donantes que tienen el virus de VIH".

#3. Evitar las transfusiones con sangre infectada o productos sanguíneos contaminados con VIH.

El Centro de Control de enfermedades en "USA" recomienda evitar el contacto con sangre o productos sanguíneos de individuos infectados con VIH porque este virus prospera en la sangre humana y se transmite de persona a persona por este medio. En Estados Unidos de América, en los años 1980, el segundo segmento más grande de nuestra sociedad que es afectado con el SIDA es el de los drogadictos.

Los niños hemofílicos que recibieron transfusiones sanguíneas o productos de coagulación sanguínea fueron afectados por el SIDA, aunque nunca habían tenido relaciones sexuales. Estos productos de la sangre fueron donados por individuos con VIH que no tenían síntomas y no había manera de detectar el virus en la sangre en ese entonces. Ya que el virus puede vivir dentro del individuo por muchos años sin producir ningún síntoma, sin alertar a su huésped que tiene una bomba de tiempo en su sangre y poder seguir propagándose en la humanidad sin que las personas se den cuenta.

La Torá nos advierte acerca del contacto con la sangre. Nos explica que la fuerza de la vida de toda carne se encuentra en su sangre.

> **"Porque la vida de toda carne es su sangre; por tanto he dicho a los hijos de Israel: No comeréis la sangre de ninguna carne, porque la vida de toda carne es su sangre; cualquiera que la comiere será cortado".**
>
> **Levítico 17:14**

En esta ocasión, Moisés obtiene una explicación de por qué no debe jugar con sangre. ¡Qué gran verdad hace miles de años! Al igual que la sangre sirve de transporte a todos los nutrientes de nuestro cuerpo hacia las células que necesitan el combustible para funcionar, la sangre también, transporta toxinas fuera de nuestro cuerpo. Las células del sistema de inmunidad también viajan por este sistema sanguíneo, para llegar a cualquier lugar que sea necesario destruir gérmenes o células cancerosas. Por supuesto, que el virus de VIH usa el transporte sanguíneo de su huésped (nosotros) para llegar hasta el más lejano rincón de nuestro cuerpo.

Si hacer una transfusión de sangre de una persona a otra por un catéter es equivalente a poner sangre de otro ser viviente en tu organismo a través de tu boca es algo que dejaré a los Testigos de Jehová pelear con la ciencia.

Yo creo que la ciencia le es dada al hombre por Dios. Es Dios quien nos da la oportunidad de aprender de su creación en cuanto a cómo continuar sosteniendo y mejorando nuestras vidas.

¡Increíble! Ahora sabemos que no es solamente por limpieza que el hombre y la mujer no deben tener relaciones sexuales durante la menstruación de ella. Pero, es que el útero durante este tiempo es como una herida abierta y las infecciones pueden entrar en el cuerpo de la mujer por esta vía, igual que si la mujer es la que está infectada, puede mandarle el virus del SIDA a través de esta sangre menstrual a su compañero.

Decida usted:

¿Es una ofensa sexual hacia Dios, o es un consejo de amor a nuestra ignorancia?, que de no obedecer, le puede costar la vida a la pareja.

> **"Y no llegarás a la mujer para descubrir su desnudez mientras esté en su impureza menstrual".**
> **Levítico 18:19**

#4. Bebés que nacen de madres infectadas con VIH pueden ser infectados:

A. Antes de nacer, a través de la sangre en la placenta que alimenta al bebé cuando está dentro del útero.

B. Durante el proceso del nacimiento, cuando puede haber comunicación de sangre entre la madre y el hijo.

C. Después del nacimiento.

Los bebés inocentes pagan por los errores de sus padres. En el Africa, por ejemplo, el esposo de una familia usualmente viaja largas distancias a pie y se queda fuera del hogar por semanas y meses seguidos. Durante sus viajes tiene relaciones sexuales extra-maritales, muchas veces con prostitutas, adquiriendo el virus del SIDA. Después el hombre vuelve a su casa y tiene relaciones sexuales con su esposa pasándole el virus a ella, al mismo tiempo ella queda embarazada y se lo pasa al bebé. El bebé desarrolla el SIDA y después nosotros le preguntamos a Dios:

¿Cómo puede permitir que niños inocentes adquieran esta enfermedad tan horrible?

Esto no es sólo en el Africa, también aquí en América, el esposo tiene que viajar entre los estados o países, porque es un diplomático, etc. o su trabajo se lo exige y contaminan a sus familias de esta misma manera.

Encontramos en Su Palabra estas leyes:

> **"No cometerás adulterio".**
>
> **Éxodo 20:14**

> **"No haya ramera de entre las hijas de Israel, ni haya sodomita de entre los hijos de Israel".**
>
> **Deuteronomio 23:17**

#5. Evitar el contacto de heridas abiertas o membranas de la mucosa con sangre, semen, flujo vaginal, leche materna infectada.

Esta norma del "CDC" enfatiza la vía cómo se transmite el SIDA. En cualquier momento que nuestra piel abierta y mucosa, incluyendo los ojos, mucosa de la boca, encías, recto, vagina, etc. Se ponen en contacto con fluidos contaminados con VIH entramos en alto riesgo de contagio mortal.

Lo que me sorprende es lo detallado que es La Torá con respecto a la transmisión de enfermedades sexuales. Veamos un ejemplo:

> **“Toda cama en que se acostare el que tuviere flujo, será inmunda; y toda cosa sobre que se sentare, inmunda será. Y cualquiera que tocare su cama lavará sus vestidos; se lavará también a sí mismo con agua, y será inmundo hasta la noche”.**
>
> **Levítico 15:4-5**

Y también:

> **“Y si el que tuviere flujo escupiere sobre el limpio, éste lavará sus vestidos, y después de haberse lavado con agua, será inmundo hasta la noche”.**
>
> **Levítico 15:8**

> **“Manda a los hijos de Israel que echen del campamento a todo leproso y a todos los que padecen flujo de semen, y a todo contaminado con muerto”.**
>
> **Números 5:2**

El concepto de prevenir la transmisión de enfermedades separando a los infectados de la comunidad no es un concepto moderno. ¡Todos estos detalles Dios los había exigido ya hace miles de años!

#6. Evitar contraer otras enfermedades venéreas.

Adivina adivinador, si contraes otras enfermedades venéreas como herpes simple, sífilis, chancro, etc., entonces desarrollas una úlcera, se rompe la barrera de protección de la piel y/o mucosa y el virus de VIH puede entrar y salir mucho más rápido y fácil, para seguir propagándose entre los humanos. El riesgo de contraer SIDA es más alto si tienes otras enfermedades venéreas.

La gonorrea no abre úlceras, ¿aumenta también el riesgo de contraer SIDA?

El CDC en Atlanta fue más lejos en sus estudios al respecto, y demostró que la respuesta es: Sí. La persona infectada con gonorrea segrega en el semen o flujo vaginal mayores cantidades de VIH, virus de alguien que tiene SIDA, pero, no tiene gonorrea.[3] Siguiendo todas las recomendaciones dadas por La Torá, en el capítulo anterior, evitarás no sólo contraer el SIDA, sino, cualquier otra enfermedad venérea.

#7 La abstinencia es la manera más efectiva de evitar contraer el SIDA.

Finalmente el Centro de Control de Enfermedades en Estados Unidos llegó a esta conclusión y recomendación.

Una de las razones por las que en Africa, el SIDA hizo los estragos en su gente es por la falta de información. Las personas pensaron que el tema era tabú, y no confrontaban la verdad de la epidemia que los azotaba, pensaban que si se hacían el examen del SIDA lo iban a contraer de esa manera. Sur Africa pasaba por un torbellino político y racial y aceptar que existía la epidemia del SIDA era como decir que el gobierno era responsable de alguna manera. La denegación llegó a tal punto que negaban que el VIH se originó en el Africa y que había sido un experimento con estos virus en los laboratorios Americanos el que había dado origen al VIH.

Mientras los habitantes del África negaban la presencia del SIDA en su continente, el virus VIH arrasó con ellos y ha matado más personas allá que en la primera y segunda guerra mundial juntas; y como si fuera poco, dejó más de 27 millones de africanos infectados con el virus. [4]

Debemos seguir educando a nuestros hermanos, siendo para ellos la bendición que Dios quiso que fuéramos para nuestros fraternos, pues, hemos sido bendecidos por nuestro Padre con su Palabra para que nosotros bendijéramos a otros.

¡Hay que enfrentarse a la verdad y pregonarla!

> "Las cosas secretas pertenecen a Jehová nuestro Dios, mas las reveladas son para nosotros y para nuestros hijos para siempre, para que cumplamos todas las palabras de la ley".
>
> Deuteronomio 29:29

3

Cáncer

La tercera causa mas común de muerte en los Estados Unidos de América es el cáncer; sin embargo, viene siendo la novena en el mundo en general.

El cáncer es una enfermedad muy común en los países desarrollados y no muy común en los sub-desarrollados, como por ejemplo, los países del continente africano. La razón de esto estriba en la patogénesis del cáncer. El gatillo que dispara el nacimiento de esta enfermedad depende del medio ambiente y del estilo de vida que lleva esa persona.

En los países en vía al desarrollo, generalmente se respira un aire más puro, se lleva una vida físicamente activa, sin tanto estrés mental. Se consume frutas, legumbres y agua en cantidad.

Sin embargo, si usted respira humo, ya sea de cigarrillos o de escape de gases como el monóxido de carbono; mantiene una vida sedentaria moviéndose en carro a todas partes y pasando horas frente a un televisor o computadora; además, su alimentación consiste de proteína animal y comidas procesadas; y las frutas y vegetales brillan por su ausencia, entonces las probabilidades de que usted desarrolle y muera de cáncer son mucho más altas, como ocurre en América.[1]

Para aclarar mejor, por qué el cáncer destruye a los países avanzados tecnológicamente, vamos a repasar cómo trabaja el cáncer, y entonces, entenderemos por qué al estar expuestos al humo, químicos, estilos de vida físicamente inactivos y dietas de mala calidad nos expone a este mal.

Cáncer, fue llamado así por Hipócrates, un médico Griego, al cual reconocemos como el padre de la medicina. Cáncer quiere decir cangrejo, y es que la apariencia de estos tumores es característico que se extienda dentro de los tejidos normales como "patas de cangrejo".

El cuerpo humano tiene un trillón de células, que se multiplican y duplican constantemente. Después de haberse duplicado, las células viejas se mueren y las hijas nuevas las reemplazan. Cada vez que va a haber multiplicación, la célula madre tiene que duplicar toda la información que va a las células hijas.

Si algo interfiere el proceso de duplicación, habrá errores en la información transmitida y la célula hija tendrá datos equivocados. Llamamos "mutación" a este cambio en el centro de información. Esta célula hija con la mutación va a tener una apariencia diferente a la de su madre, probablemente crezca más grande y fabricará proteínas extrañas, se multiplicará mucho más rápido, consumirá más alimentos y es lo que llamamos una célula cancerosa.

Por lo general, se diferencia de su madre, en que no tiene ninguna función específica, lo único que hace es ocupar espacio y consume todos los nutrientes disponibles, devastando y matando de hambre a todas las otras células normales que están a su alrededor. No es un espectáculo lindo de presenciar.

Pasamos a dar ejemplos de ese "algo" que interfiere con el proceso de duplicación y que causa la mutación:

1) La luz ultravioleta que procede de los rayos solares es responsable por la mutación en las células de la piel a medida que ellas se dividen, causando cáncer de la piel, como el melanoma.
2) El humo de los cigarrillos produce la mutación en las células bronquiales mientras que ellas se dividen, causando cáncer de pulmón.
3) El virus del papiloma humano, invade las células cervicales de la matriz, durante la división, causando cáncer de cervix.
4) Toxinas provenientes de la materia fecal que se queda estacionada en los intestinos por tiempo prolongado cuando estamos estreñidos interfieren con el proceso de división de las células de la mucosa, causando el cáncer del colon.

Ya que nuestro cuerpo pasa por más de un millón de divisiones celulares al año, hay amplia oportunidad de que ocurra un error en la duplicación del DNA y, como resultado, desarrollemos cáncer. Nuestro Creador puso un sistema de seguridad para disminuir las probabilidades de que esto ocurra. Hay genes que están encargados de detectar errores en la duplicación de la información de la célula madre a la hija y repararlos.

También hay genes que se encargan de parar la multiplicación sin control de las células anómalas.

Otro mecanismo es que nuestros glóbulos blancos del sistema de defensa, los macrófagos, reconozcan las células cancerosas ya que la apariencia de estas células son diferentes a las de las células normales, y los macrófagos se tragan estas células malignas, destruyéndolas antes de que tengan oportunidad de multiplicarse desbocadamente y apoderarse de nosotros. Algunas veces, estos mecanismos de defensa no trabajan como debieran y abrumamos nuestro cuerpo con sustancias químicas, comidas que no son saludables, infecciones, etc., hasta tal punto que somos sobrecogidos por el cáncer.

En las siguientes páginas consideramos las siguientes recomendaciones para evitar el cáncer, dadas por la Asociación Americana del Cáncer versus "La Ley" de los Israelitas.

#1. La mayor parte de nuestra dieta debe provenir de las plantas.

¿Le suena ésto familiar?

La Asociación Americana del Cáncer nos dice que la tercera parte de las 500,000 muertes que ocurren al año están relacionadas a factores dietéticos. La realidad es que las frutas y vegetales contienen vitaminas, fibras, minerales y otras sustancias que actúan como antioxidantes y pueden retrazar o prevenir el desarrollo del cáncer.[2]

En el capítulo primero (ataques al corazón y embolias cerebrales) discutimos la importancia de los antioxidantes para neutralizar los radicales libres que si se les deja a su libre albedrío, oxidan la placa de grasa depositada en la capa íntima de los vasos sanguíneos. Esta oxidación causa inflamación y ruptura de la placa de grasa, obstruyendo el flujo de la sangre a través de las arterias, produciéndose el resultado final, que si es afectando al corazón, sería el infarto cardíaco, y si afecta el cerebro, sería la embolia o infarto cerebral.

¿Qué son estos radicales libres?

Los radicales libres son moléculas inestables de oxígeno, a las cuales les falta un electrón. Ellas están constantemente tratando de encontrar a "alguien" que les dé ese electrón, para ellas poder estabilizarse y entrar en una condición de descanso.

Los "rads" (radicales libres) son productos de combustión de nuestro metabolismo normal de las comidas, especialmente de la grasa de los animales.[3, 4, 5]

En verdad, Moisés tenía tanto conocimiento como un bioquímico contemporáneo. La pregunta es:

¿Como sabía Moisés toda esta información 3,500 años atrás?

Moisés no entendía acerca de los radicales libres y los antioxidantes y la grasa animal. Moisés no necesitaba entender todos estos procesos para evitar comer la grasa animal, él sólo obedecía a Dios sin preguntas, pues, entendía el amor de nuestro Padre hacia nosotros y que si nos decía que hiciéramos algo, o que no hiciéramos esto otro, quien se beneficia somos nosotros.

Los radicales libres también son producidos por nuestras células al ser expuestas a: los rayos ultravioleta, la contaminación del aire del medio ambiente, humo, pesticidas, rayos X, infecciones, dosis altas de alcohol y sustancias tóxicas que se producen en nuestro organismo.

Al principio de este capítulo se explica cómo "algo" causa un error en la duplicación de la información del DNA que va a ser transmitida a la célula hija. Este "algo" es un "radical libre".

El Doctor Denham Harman, profesor "Eméritos" de Medicina y Bioquímica de la Universidad de Nebrazca, introdujo la teoría de los radicales libres desde el año 1956, demasiado temprano en su tiempo, para ser comprendido por la comunidad científica. No fue hasta los años 1980-1990, que su teoría agarró la curiosidad de la población de las ciencias naturales, lanzando una investigación febril en el tema.[3, 4, 5]

Hoy en día creemos que los radicales libres inestables viajan en nuestro sistema interaccionando con las membranas celulares, bombardeándolas y robándoles el electrón que necesitan desesperadamente. En el proceso, la membrana celular se distorsiona y no puede funcionar bien. Se oxida, envejece y muere. En otros casos el radical libre entra dentro de la célula normal y, esta vez, ataca el DNA mientras se está duplicando, alterándolo y la nueva información transmitida tiene errores formándose la célula cancerosa, que ahora sigue dividiéndose y pasando la información para formar células nuevas cancerosas.[3, 4, 5]

Pero, hay esperanza, porque existen los elementos que llamamos antioxidantes como la vitamina C, la Vitamina E, beta-caroteno, o minerales como el selenio u otras sustancias como los flavonoides.

Estos antioxidantes se encuentran en diferentes frutas y vegetales especialmente si están crudos. Cuando estos antioxidantes se enfrentan a los radicales libres, ellos los neutralizan dándole el electrón que tanto buscaban, ahora el radical libre es estable y no le hará daño a la célula bombardeándola. Los antioxidantes, entonces, previenen efectivamente el cáncer y también los infartos cardíacos y cerebrales y hasta previene el envejecimiento prematuro.

Nuestros cuerpos no producen este tipo de antioxidantes, sin embargo, nuestro Dios, cuando nos formó, nos programó a producir enzimas que actúan como antioxidantes, por ejemplo: dismutasa súper-oxidasa, peroxidada, y catalasas.

Estos antioxidantes son producidos en suficientes cantidades para neutralizar los radicales libres producidos por una comida normal.

Pero, cuando nuestra dieta es diferente a la que nuestro Creador nos programó, o comemos en exceso, entonces no hay suficientes antioxidantes.

No tenemos cómo neutralizar la oxidación de nuestro cuerpo, si comemos grasa animal, comidas fritas (excepto fritas en aceites de oliva), carne quemada, o no comemos suficientes fibras, legumbres y frutas; o si nos exponemos a rayos ultravioletas por tiempo prolongado (tostándonos al sol), exposición a pesticidas u otras sustancias contaminantes del ambiente. Si no hacemos ejercicios (y por lo tanto, sufrimos estreñimiento, manteniendo todas esas toxinas afectando las células del intestino), si somos expuestos a infecciones o tomamos alcohol en exceso.

Necesitamos ingerir grandes variedades y cantidades de legumbres y frutas para obtener suficientes variedades de antioxidantes para combatir todos esos radicales libres. También necesitamos por lo menos 6 vasos de agua diario para eliminar todos esos radicales libres que han sido inactivados, a través de los riñones.

El hombre, siendo hombre, decidió que él podía producir sintéticamente en el laboratorio, la vitamina E, la C, el beta caroteno y todas las vitaminas en general, para entonces no tener que comer vegetales y frutas frescas. Es mucho más fácil tragarse una píldora que ir al supermercado diariamente a comprar las frutas y vegetales, después lavarlos, pelarlos, cortarlos, etc. Definitivamente, eso se lleva demasiado tiempo. Preferimos utilizar ese tiempo para trabajar más de lo que ya trabajamos, para hacer más dinero, para comprar más "juguetes," etc., etc., etc.

¿Se acuerdan del dicho? "El que se muere con más juguetes es el que gana."

¿Gana de verdad? Yo no creo...

En la prestigiosa revista médica Americana "The New England Journal of Medicine" (NEJM), 14 de abril del 1994, los grupos de estudios preventivos del cáncer alfa tocoferol y beta caroteno publicaron un artículo acerca de la incidencia de cáncer del pulmón y otros cánceres en hombres que fumaban y tomaron pastillas de vitamina E y Beta Caroteno.

Ellos hicieron un estudio científico oculto doble en cuatro grupos diferentes. Los participantes eran hombres, fumadores de edad de 50-69 años.[6] El estudio duró de 5 a 8 años y esto fue lo que encontraron:

1) Grupo 1, tomó vitamina E solamente y no hubo reducción en la incidencia de cáncer.
2) Grupo 2, tomó suplementos de beta caroteno y este grupo tuvo una mayor incidencia de cáncer de pulmón que los otros grupos.
3) Grupo 3, solamente comió vegetales y frutas ricos en vitamina E y beta caroteno, pero no tomó suplementos vitamínicos en pastillas y este fue el grupo que tuvo menos incidencia de cáncer.

Lo que estos estudios demostraron fue que si sólo tomas vitaminas en pastillas, ellas no previenen el cáncer de pulmón. Sin embargo, si ingieres los diferentes vegetales y frutas que contienen la vitamina E y el Beta Caroteno, entonces el cáncer de pulmón disminuye de una manera significativa en estos estudios epidemiológicos. Existe algo en estos productos de las plantas que no hemos podido aislar todavía en los laboratorios. Probablemente es la combinación de los antioxidantes que conocemos como vitaminas, además de otros ingredientes desconocidos al presente, que previene el desarrollo del cáncer. En su forma natural, las frutas y vegetales nos ayudan a eludir el cáncer. En conclusión, para prevenir el cáncer, haz lo que nos dice Moisés en La Torá y lo que nuestras abuelitas nos dijeron muchas veces:

"Cómete todos los vegetales y frutas, dulzura mía".

"Y Jehová Dios hizo nacer de la tierra todo árbol delicioso a la vista, y bueno para comer".

Génesis 2:9

"Si anduviereis en mis decretos y guardareis mis mandamientos, y los pusiereis por obra, yo daré vuestra lluvia en su tiempo, y la tierra rendirá sus productos, y el árbol del campo dará su fruto. Vuestra trilla alcanzará a la vendimia, y la vendi-

mia alcanzará a la sementera, y comeréis vuestro pan hasta saciaros, y habitaréis seguros en vuestra tierra".

Levítico 26:3-5

La descripción de "La Tierra Santa" que a través de Moisés, Papa Dios les promete a los israelitas, está llena de antioxidantes naturales, agua y casi puedes sentir el aire puro sin contaminación.

"Porque Jehová tu Dios te introduce en la buena tierra, tierra de arroyos, de aguas, de fuentes y de manantiales, que brotan en vegas y montes; tierra de trigo y cebada, de vides, higueras y granados; tierra de olivos, de aceite y de miel".

Deuteronomio 8:7-8

#2. Disminuye el consumo de productos altos en grasa, particularmente de origen animal.

En la comunidad científica existen 3 hipótesis del por qué las dietas altas en grasa aumentan el riesgo de desarrollar cáncer:

1) Como hemos mencionado previamente, una dieta alta en grasa animal produce mayores cantidades de radicales libres, que robarán electrones del centro de información de las células, el DNA, en su búsqueda alocada por estabilidad, durante la división y duplicación de información creando un error en el centro de información de la nueva célula hija y así creando la célula cancerosa.
2) Cada vez que llega la grasa al estómago, el hígado fabrica ácidos biliares y los vierte en el intestino delgado. Estos ácidos biliares ayudan a la digestión de las grasas, las cuales son muy difícil de digerir, por ejemplo, las grasas son mucho más difícil de digerir que los carbohidratos. Existen

bacterias en el intestino que digieren parte de la grasa produciendo materiales "tóxicos". Estos materiales tóxicos a su vez, interaccionan con las células intestinales cuando se están dividiendo, produciendo el famoso "error" durante la duplicación y división celular, y como resultado final, las células nuevas son células cancerosas del colon. Mientras más grasa comes, más ácidos biliares segregas, más sustancias tóxicas serán producidas por las bacterias que causan el cáncer.

3) La hormona femenina, estrógeno, está asociada con la producción del cáncer de mamas.

Mientras más grasa come una persona, más engorda, aumentando los depósitos de grasa. Estos depósitos de grasa no dejan que el estrógeno sea metabolizado, destruido y eliminado del organismo.

Entonces, mientras más depósitos de grasa tiene una mujer, mayores son los niveles de estrógeno en esa mujer, mayor es el tiempo que el estrógeno va a estar circulando en la sangre sin ser destruido, y mayores las probabilidades que ese exceso de estrógeno entre en contacto directo con las células mamarias. Así causa el "error" durante la multiplicación y división celular, produciendo el cáncer de mamas.

Estudios que observan el consumo de grasa en sus dietas en diferentes culturas, demuestran que si su dieta es alta en grasa tiene un 50% de aumentar sus probabilidades de morir de un tipo de cáncer, comparado con sociedades en que su ingestión de grasas es muy baja, pero sí, muy alta en frutas y vegetales frescos.[2]

Mi querida abuela Rita murió de cáncer de páncreas; uno de los cánceres más mortales que existen. En el año 1988, ya yo era Doctora en Medicina y me encontraba con ella y una prima, Anirt (otra doctora en medicina) en la sala de operaciones cuando se hizo el diagnóstico. Las dos aguantábamos la respiración mientras esperábamos la confirmación del diagnóstico patológico. Ya el cirujano nos había dicho, cuando abrió el abdomen a nuestra abuela, que parecía cáncer diseminado.

Las dos sabíamos que este diagnóstico era una sentencia de muerte segura. Y aunque nuestra abuelita estaba en sus años setentas, ninguna de las dos estábamos preparadas para perderla.

Las personas diagnosticadas con cáncer de páncreas viven aproximadamente 3 meses después del diagnóstico, en algunos casos llegan a vivir hasta 6 meses más. Abuelita Rita murió 6 meses después.

El cáncer de páncreas es generalmente iniciado por el fumar cigarrillos en el 30% de los casos. Y mi abuela había fumado en su juventud.

Solamente el 8% de los casos de los cánceres pancreáticos son causados por lo que llamamos "predisposición genética" o mal funcionamiento de los genes encargados de reparar los errores que ocurren durante la duplicación y división celular que heredamos de nuestros padres.

Otros factores involucrados en el desarrollo del cáncer pancreático son dietas altas en grasa y carne. El 90% del cáncer pancreático nace del sistema exocrino, es esa parte del páncreas que se encarga de segregar jugos digestivos que digieren las grasas y proteínas que consumimos. La abuelita Rita no sabía que la grasa animal era dañina, ni tampoco sabía que el consumo diario de proteína animal desde su niñez pudiera disparar el cáncer que terminaría con su vida. La mayoría de estos cánceres ocurren entre las edades de los sesenta a los ochenta, después que esas células pancreáticas han sido sobre usadas o abusadas por muchos años, comiendo toda esa grasa y carne.

Mi abuelita Rita era cristiana, pero, nunca nadie le habló de La Torá. Muchos cristianos ven La Torá como algo que es aplicable sólo para los judíos, para otra época de la historia, pero, no aplicable para nosotros hoy. Ellos escogieron lo que querían del Viejo Testamento y desecharon lo que no querían. El Cristianismo que ella conoció, le enseñó que podíamos comer todo lo que quisiéramos según el Nuevo Testamento.

En el libro de Hechos del Nuevo Testamento (Hechos 10:9) el Apóstol Pedro tiene una visión de una gran sábana, cayendo del cielo, llena de todo tipo de animales, y Papa Dios ordena a Pedro que coma esos animales. Después de este sueño, en Hechos 10:28 y hechos 11:4-7, Pedro mismo explica el significado del sueño. Pedro nos dice que la interpretación del sueño es que los judíos, deben compartir las comidas con los gentiles para acercarnos unos a otros y poder compartir la Palabra de Dios. Pedro nunca dijo que este sueño era un mandato para comer todo tipo de animal porque es saludable para nuestro cuerpo. En realidad, Dios nos dio libertad para que escogiéramos libremente, hasta lo que comemos, aunque sea dañino para nuestro organismo.

Sin embargo, Dios también nos dijo desde un principio en La Torá qué dieta era la mejor para el funcionamiento de nuestros cuerpos. La ciencia confirma en el siglo XX estas verdades y beneficios de estas leyes dietéticas que les fueron dadas a los israelitas 3,500 años atrás.

Pero, la Ciencia no alcanzó a mi abuelita Rita a tiempo para enseñarle hábitos alimenticios más saludables. La ciencia nos dice hoy que una dieta basada en frutas y vegetales frescos ayuda a impedir el cáncer de páncreas.

En el capítulo primero de este libro estudiamos las normas a seguir para prevenir infartos cardíacos, y cerebrales, que Moisés les enseñó a los israelitas como una ley ETERNA de nuestro Dios: nunca comer grasa animal:

> **"Estatuto PERPETUO será por vuestras edades, dondequiera que habitéis, que ninguna grosura ni ninguna sangre comeréis".**
>
> **Levítico 3:17**

Este mensaje es repetido una y otra vez, por La Torá.

Muchísimas veces, para que entendiéramos lo importante que es, mas no nos sirvió de nada en los países que llamamos desarrollados, porque no le prestamos atención. Seguimos comiendo toda la grasa que podemos y pagamos la consecuencia de morir de cáncer como la tercera causa más común de muerte en los Estados Unidos de América.

> **"Habló más Jehová a Moisés, diciendo: Habla a los hijos de Israel, diciendo: Ninguna grosura de buey ni de cordero ni de cabra comeréis".**
>
> **Levítico 7:23-24**

También les dimos como referencia en el capítulo uno, la realidad de que las personas que más tiempo viven en la tierra son aquellas que comen muy pocos productos animales, sin embargo, comen muchas legumbres y frutas. La revista "National Geographic" reportó en 1973 acerca de estos hallazgos.

En ese mismo capítulo vimos que La Torá describe al hombre viviendo más de 900 años: esto era cuando el hombre comía frutas y vegetales. Después del diluvio de Noé, Dios dice que el hombre sólo vivirá 120 años y le dice a Noé que puede comer de todos los animales que hay en la tierra. Entonces progresivamente el hombre vive menos y menos tiempo en cada generación hasta que llega a Moisés que vive 120 años. En aquel momento Dios le da La Torá con todas las instrucciones alimenticias para el mundo.

#3. Mantente activo físicamente: alcanza y mantén un peso saludable. La mayoría de los días harás ejercicio moderadamente activo por 30 minutos seguidos.

El instituto Americano de Investigación contra el Cáncer reportó en 1997 una revisión de la literatura de más de 4,500 estudios que demostraron una asociación entre la disminución de ser afectados por cáncer en aquellos individuos que se mantenían físicamente activos y un aumento de cáncer en aquéllos que llevaban una vida sedentaria. Específicamente, encontraron que si haces ejercicios, entonces sufres menos de cáncer de mamas, colon y pulmón. Si no eres físicamente activo entonces aumentaban las incidencias de cáncer de colon, recto, endometrio (útero), mamas, vejiga y riñón.

No sabemos por qué el ejercicio regular disminuye las probabilidades de adquirir cáncer. Una teoría es que si te ejercitas regularmente, tenderás a ser más delgado. La obesidad en cambio aumenta las probabilidades de desarrollar cáncer como ya discutimos en el capítulo pasado. También la persona obesa tiende a comer menos legumbres y frutas frescas que son ricas en antioxidantes que previenen el cáncer.

Recuerden, las grasas producen más radicales libres; las mujeres obesas tienden a tener niveles altos de estrógeno circulando en la sangre continuamente y esta hormona está implicada con el cáncer de mamas en algunas de ellas. Estas mujeres obesas no ovulan y no sufren la caída de niveles de estrógeno que ocurre normalmente en las mujeres que ovulan y tienen sus períodos regulares. Esta caída regular de los niveles de estrógeno por varios días es beneficiosa para las mujeres que son delgadas, ya que el tejido de las mamas y el útero descansan de esa exposición incesante al estrógeno, disminuyendo las probabilidades de transformarse en células cancerosas.

El ejercicio regular disminuye la depresión y disminuye los niveles de cortisol, mejorando el sistema de inmunidad al mismo tiempo, por lo tanto, tienen mejores equipados los macrófagos que se tragan las células anormales cancerosas antes de que tengan oportunidad de multiplicarse incontrolablemente.

El exceso de ejercicio puede deprimir el sistema inmune y, por lo tanto, aumentar las probabilidades de desarrollar cáncer, esto se debe a que aumenta la producción de radicales libres en estos casos. No lo olvides, "balance es la clave".

El mecanismo exacto de cómo el ejercicio ayuda a evitar el cáncer está siendo investigado. Hay estudios en progreso para aclarar cómo es que lo hace. Mientras tanto, La Asociación del Cáncer Americana y la mayoría de las instituciones que combaten el cáncer en el mundo abogan por el ejercicio diario para ayudar a prevenir el cáncer hoy en día.

Como discutimos en el capítulo primero, acápite #13 (Por favor, referirse a todas las otras citas de La Torá de esta sección), La Torá nos dice desde el principio que nos mantengamos activos físicamente. Todos los Patriarcas de la Biblia lo hicieron y el caminar era algo constante en sus vidas, hasta tal punto que cuando Dios nos pide que sigamos Sus enseñanzas, utiliza la analogía del caminar con la obediencia. Los israelitas enumeraron esta ley como la número 8 de las leyes positivas; fuera de las 613 leyes que interpretaron de La Torá.

> **"Te confirmará Jehová por pueblo santo suyo, como te lo ha jurado, cuando guardares los mandamientos de Jehová tu Dios, y anduvieres en sus caminos".**
>
> **Deuteronomio 28:9**

#4. Limitar el consumo de las bebidas alcohólicas.

La Asociación Americana del Cáncer nos da varias teorías de cómo el alcohol produce cáncer.

Un mecanismo es por el contacto directo de la toxina, en este caso el alcohol, con las células que se están dividiendo causando el "error" en el momento de la duplicación del DNA y transfiriéndole a la célula hija, información equivocada. Por lo tanto, las células afectadas serían la boca, faringe, esófago, estómago, colon y recto que se transformarían en cancerosas con el contacto repetitivo o exceso de alcohol.[8]

En el caso del cáncer del hígado, el alcohol primero induce a la cirrosis del hígado y ésta, a su vez, es la que induce al cáncer. En el caso de las células de las mamas y laringe que no están nunca en contacto directo con el alcohol, se cree que es debido al aumento de radicales libres que se producen con la ingestión desde moderada hasta excesiva de alcohol. Son estos radicales libres los que causan el cáncer, a menos que sean neutralizados por la ingestión de antioxidantes de frutas y vegetales frescos.

De las 613 leyes mosaicas, la número 195 de las leyes negativas de los Israelitas nos dice: "emborracharse de cualquier modo está prohibido". Veamos:

> **"Si alguno tuviera un hijo contumaz y rebelde, que no obedeciere a la voz de su padre ni a la voz de su madre, y habiéndole castigado, no les obedeciere; entonces lo tomarán su padre y su madre, y lo sacarán ante los ancianos de su ciudad, y a la puerta del lugar donde viva; y dirán a los ancianos de la ciudad: Este nuestro hijo es contumaz y rebelde y no obedece a nuestra voz, es glotón y borracho".**
>
> **Deuteronomio 21:18-20**

Aquí vemos las diferentes fases de las enseñanzas de La Torá, tratando de enseñarnos cómo prevenir daños físicos, psicológicos, sociales y económicos que el abuso del alcohol puede traer a nuestras vidas. Es especialmente importante ya que en otras áreas de La Torá, nos dice que el vino es la bebida de elección en la ofrenda, que los sacerdotes del templo tomaban. Tomar vino tinto con moderación, (de 3-7 veces a la semana y de 2-4 onzas por copa) es beneficioso para nuestra salud. (Ver el capítulo primero).

#5. Respirar aire puro.

Esta última recomendación de la Asociación Americana del Cáncer está respaldada no sólo por la ciencia, sino también, observando sencillamente "la vida".

Debemos evitar inhalar humo de cigarrillos, asbestos, monóxido de carbono y cualquier químico que esté contaminando el aire que respiramos.

No tenemos una ley específica que nos diga que respiremos aire puro, pero, el ambiente de la "Tierra Santa" que es descrito en La Torá, se desarrolla en aire puro como en el Edén (El Paraíso), dado que se nos describe un cuadro de jardines, árboles, ríos, etc.

> **"Y Jehová plantó un Huerto en Edén, al oriente; y puso allí al hombre que había formado. Y Jehová Dios hizo nacer de la tierra todo árbol delicioso a la vista y bueno para comer; también el árbol de vida en medio del huerto, y el árbol de la ciencia del bien y del mal. Y salía de Edén un río para regar al huerto, y de allí se repartía en cuatro brazos".**
>
> **Génesis 2:8-10**

En hebreo, Edén significa placer, delicia y paraíso.

#6. Circuncisión

La Asociación Americana del cáncer no está recomendando la circuncisión como una medida preventiva de salud.

Ellos dicen que esto es un tema controversial. Diversos estudios sugieren que los hombres circuncidados tienen una incidencia más baja de infecciones transmitidas sexualmente con el virus humano papilomatoso, HPV, que produce verrugas venéreas. Este virus es asociado con el cáncer del pene.

Veremos pronto si cambia su posición ya que el 13 de diciembre del año 2006, "The U.S. National Institutes of Health" reportó haber cerrado prematuramente los estudios de la circuncisión y el Sida, en Kenya y Uganda, al demostrar un 56 % menos casos de SIDA en hombres circuncidados, comparados con aquellos no circuncidados.

También los hombres circuncidados tienden a tener menos casos de SIDA, HIV/AIDS.[11] Y si recuerdan nuestra discusión en el capítulo de SIDA, hablábamos que las personas con SIDA deprimen su sistema inmunológico y no producen suficientes glóbulos blancos, (soldados), que combaten a las células cancerosas antes de que se multipliquen desbocadamente. Por lo tanto, los hombres circuncidados tienen menos SIDA y desarrollan menos el cáncer de pene.[9]

La Asociación Americana del cáncer reconoce algunos estudios que demuestran que el esmegma (el material que se acumula debajo del prepucio en la cabeza del pene) puede contener sustancias que provoquen el cáncer, los hombres circuncidados no tienen esmegma, ya que no tienen ese pedacito de carne extra en el prepucio. La controversia viene, porque los hombres circuncidados practican la higiene más a fondo con sus órganos genitales, tienen menos parejas sexuales y, por consiguiente, menos enfermedades venéreas. Por lo tanto, si la razón de que estos hombres tengan una incidencia menor de cáncer se deba a su religión, su higiene o los factores étnicos sociales, o es a la pérdida de ese pedacito de piel en los circuncidados, todavía está en debate.

Encontramos que en Génesis la circuncisión es mandatoria para el pueblo escogido de Dios y también para aquéllos que viven entre ellos:

> **"Y de edad de ocho días será circuncidado todo varón entre vosotros por vuestras generaciones; el nacido en casa, y el comprado por tu dinero; a cualquier extranjero que no fuera de tu linaje".**
>
> **Génesis 17:12**

La precisión de nuestro Dios al escoger el día número 8 del nacimiento para hacer la circuncisión es una de las pruebas de que El nos dejó La Torá y de que la Biblia fue dictada por El. Pues, no había hombre 4000 años atrás que pudiera saber por qué fisiológicamente la circuncisión tenía que ser hecha precisamente en el día 8 del recién nacido.

Cuando un bebé nace tiene en su sangre los factores que coagulan la sangre proveniente de la placenta de su madre. Así al cortar el cordón umbilical, el bebé puede parar el sangrado formando un coágulo de sangre. Pero, estos factores de coagulación son consumidos y el bebé no puede hacerlos él mismo, ya que los que tenía al nacer se consumieron formando el coágulo del cordón umbilical. Al bebé tomar la leche materna, en su intestino hay bacterias que empiezan a digerir la leche y producen la vitamina "K", (uno de esos factores de coagulación). Hoy en día sabemos que es precisamente en el octavo día de nacer que el recién nacido ha formado suficiente vitamina "K" para poder formar el coágulo y parar el sangrado si se le hace la circuncisión, de manera que el bebé no se desangre y muera.[10]

No es hasta el año 1943 que el doctor Carl Peter Henrik y Edward Doisy reciben el premio Nóbel de fisiología y medicina por sus trabajos con la vitamina "K".

Hoy en día cuando un bebé nace le inyectamos la vitamina "K" y si los padres desean se les puede hacer la circuncisión antes de que se lleven al bebé a su casa. Pero, hace 4,000 años durante el tiempo de Abraham nadie sabía acerca de la vitamina "K" y por supuesto, no habían inyecciones de vitamina "K" para darle a los recién nacidos. ¡Bendito sea nuestro Creador que diseñó nuestros cuerpos con tanta inteligencia y precisión y después, nos dejó la Biblia para que supiéramos cómo cuidarlos!

Conclusiones En La Prevención Del Cáncer.

Debemos evitar contraer las enfermedades transmitidas sexualmente, para así evitar de otra manera contraer cáncer ¿Cómo hacemos ésto? Siguiendo las normas dadas en La Torá acerca de la sexualidad y del centro de enfermedades infecciosas que son muy similares.

Es más, si albergamos sentimientos negativos de depresión, rencor, odio, etc., entonces aumentan los niveles de cortisol que van a deprimir nuestro sistema de inmunidad y otra vez aumentar las probabilidades de desarrollar cáncer. Al contrario, lo que debemos es cultivar los sentimientos positivos de amor, alegría y perdón, para así disminuir las probabilidades de pescar esta enfermedad letal.

Al parecer, todo está interrelacionado, ¿no es verdad? Todo es pura lógica y sentido común. Esto lo decimos ahora porque tenemos los datos científicos frente de nosotros. A los Israelitas, sin entender el por qué, se les dieron estas leyes que, en realidad son perlas de amor de parte del Creador para su Creación, para guiarlos a sobrevivir los 120 años que nuestros cuerpos están diseñados para durar. Y en ese mismo momento se les ordenó a compartir ese conocimiento con el mundo. Los Israelitas fueron bendecidos con este conocimiento por nuestro Dios para llevar esta bendición al mundo. Sin embargo, la bendición más grande que los Israelitas llevarían al mundo es la del Mesías prometido que nos bendeciría en cómo "vivir eternamente" con nuestro Creador.

> **"Y Jehová dijo: ¿Encubriré yo a Abraham lo que voy a hacer, habiendo de ser Abraham una nación grande y fuerte, y habiendo de ser benditas en él todas las naciones de la tierra?**
> **Porque yo sé que mandará a sus hijos y a su casa después de sí, que guarden el camino de Jehová, haciendo justicia y juicio, para que haga venir Jehová sobre Abraham lo que ha hablado acerca de él".**
>
> **Génesis 18:17-19**

4
Enfermedades Infecciosas

Entre las enfermedades infecciosas tenemos las diarreas que ocupan el lugar número 6 de mortalidad a través del mundo.[1] Usualmente estas infecciones afectan los países de bajos recursos económicos como por ejemplo Asia, que ocupa el tercer lugar más común de muerte en ese continente. En el Africa es la causa número cuarta de muerte.

Pero, hasta en Europa donde encontramos la menor cantidad de muertes por diarreas, mata a un 0.7 % de la población.

También la encontramos en los Estados Unidos de América. Cada vez que usted ve o escucha en las noticias que hay una epidemia de E. Coli que se desató en tal o cual restaurante, ya sea proveniente de la carne, o las ostras, etc., son enfermedades de diarreas. Generalmente causadas por no lavarse las manos al manejar alimentos en los restaurantes. El Centro de Enfermedades Infecciosas en EEUU nos reporta que más de 9,000 personas mueren al año en USA, pero 80 millones de americanos son afectados en un año.[2]

La diarrea es definida como el tránsito rápido de materias fecales a través del intestino grueso. No solamente pasan aceleradamente, pero también hay grandes secreciones de líquido y electrolitos que caen en el lumen del intestino y se pierden con las materias fecales. Esta pérdida de líquidos y electrolitos como sal, etc., provienen de la circulación de la sangre, por lo tanto, la persona con diarrea se deshidrata, perdiendo volumen de líquido y electrolitos de la sangre y entonces muere.

Generalmente las diarreas son causadas por aguas contaminadas o envenenamiento por comidas.

Nosotros también vemos pacientes que sufren del SIDA/AIDS en el que su sistema de inmunidad está suprimido e infecciones que normalmente no matan a una persona, sí los mata a ellos porque no tienen cómo defenderse de ellas.

En algunos casos la causa de la diarrea puede ser psicológica, el paciente se entusiasma mucho emocionalmente y aumenta el estímulo de las peristalsis en el intestino y sobreviene la diarrea.

Una última etiología sería genética, en la que la persona tiene alergias a ciertos alimentos, o produce anticuerpos contra las células del intestino como la enfermedad de Chron, colitis ulcerativa, etc.

Nos vamos a concentrar en este libro con las causas infecciosas, que son las más comunes y provienen de agua o comida contaminada.

Por ejemplo, la infección de la Cólera puede causar diarreas que hacen a una persona perder hasta 12 litros de líquido al día, cuando la capacidad normal del colon es de absorber hasta 8 litros diarios. Esto causa una pérdida neta de 4 litros, que la mayoría de nuestro sistema circulatorio no puede aguantar, sobreviniendo un colapso y muerte de ese individuo, a menos que, reemplacemos esos electrolitos y líquido rápidamente; tan rápido como la persona lo pierde.

El Centro de enfermedades infecciosas divide las normas a seguir como medidas de prevención contra las enfermedades infecciosas que producen diarreas en 4 tópicos principales:

1) Tener cuidado al comprar la comida.
2) Guardar la comida apropiadamente.
3) Usar de precaución al preparar y cocinar la comida.
4) Refrigerar y guardar apropiadamente la comida que sobró.

#1. Tener cuidado al comprar la comida.

Los israelitas no tenían supermercados en aquel entonces, pero se les dijo en la ley que tuvieran cuidado al obtener la carne que comerían:

> **"Mortecino ni despedazado por fiera no comerá, contaminándose en ello".**
>
> **Levítico 22:8**

> **"No comerás carne destrozada por las fieras en el campo; a los perros las echareis".**
>
> **Éxodo 22:31**

Los animales que mueren destrozados por animales salvajes, pueden adquirir infecciones, como la rabia, que después es transmitida al humano que se la come.

También si un animal muere sin ser cazado, pudo ser que ese animal muriera de una enfermedad infecciosa, transmitiéndola entonces, al consumidor y éste muere.

#2. Almacenar la comida apropiadamente.

Para prevenir la contaminación de una comida con otra, se recomienda que utilicemos vasijas separadas. En el libro de Levítico, los hijos de Abraham, Isaac, y Jacob les dice:

> **"Toda vasija de barro dentro de la cual cayere alguno de ellos será inmunda, así como todo lo que estuviere en ella y quebraréis la vasija".**
>
> **Levítico 11:33**

En unos versículos anteriores podemos leer, que los inmundos que pueden caer en las vasijas son ratas, ranas, etc....

> **"Y tendréis por inmundos a estos animales que se mueven sobre la tierra: La comadreja, el ratón, la rana según su especie, El erizo, el cocodrilo, el lagarto, la lagartija y el camaleón".**
>
> **Levítico 11:29-30**

#3. Al preparar y cocinar la comida debemos utilizar precauciones especiales.

El centro de control de enfermedades infecciosas, CDC, nos dice que nos lavemos las manos con agua y cualquier jabón, antes de tocar los alimentos que vamos a preparar para la comida, lo mismo que limpiar todas las superficies donde la preparación de la comida tendrá lugar. Para los israelitas, la higiene era esencial para su supervivencia. Moisés nos dice en el Pentateuco:

> **"Harás también una fuente de bronce, con su base de bronce, para lavar; y la colocarás entre el tabernáculo de reunión y el altar, y pondrás en ella agua. Y de ella se lavarán Aarón y sus hijos las manos y los pies".**
>
> **Éxodo 30:18-19**

"Cualquier varón de la descendencia de Aarón que fuere leproso, o padeciere flujo, no comerá de las cosas sagradas hasta que esté limpio. El que tocare cualquiera cosa de cadáveres, o el varón que hubiere tenido derramamiento de semen, o el varón que hubiera tocado cualquier reptil, por el cual será inmundo, u hombre por el cual venga a ser inmundo, conforme a cualquiera inmundicia suya; la persona que lo tocare será inmunda hasta la noche, y no comerá de las cosas sagradas antes que haya lavado su cuerpo con agua. Cuando el sol se pusiere, será limpio; y después podrá comer las cosas sagradas, porque su alimento es".

Levítico 22:4-7

El CDC también nos aconseja que lavemos la comida antes de comerla o cocinarla. Siempre me impresiona el nivel de detalles que Dios nos dejó a través de Moisés:

"Y lavará con agua los órganos internos y las piernas"

Levítico 1:9

La idea principal detrás de la higiene para los Israelitas está basada en lavar, lavar y lavar una y otra vez, con agua.

"Si hubiera en medio de tí alguno que no fuera limpio, por razón de alguna impureza acontecida de noche, saldrá fuera del campamento, y no entrará en él. Pero al caer la noche se lavará con agua, y cuando se hubiera puesto el sol, podrá entrar en él".

Deuteronomio 23:10-11

"Tendrás un lugar fuera del campamento, y allá saldrás"

Deuteronomio 23:12

Todavía es más explícito y les dice cómo evitar enfermedades transmitidas por animales que se ponen en contacto con materia fecal humana y también cómo evitar que las aguas de los ríos sean contaminadas con excrementos humanos:

"Tendrás también entre tus armas una estaca; y cuando estuvieras allí afuera, cavarás con ella, y luego al volverte cubrirás tu excremento".

Deuteronomio 23:13

La ciencia del siglo XXI nos advierte que al cocinar la carne lo hagamos hasta que la carne esté marrón, bien cocinada en el centro; que no le quede rojo, o sea sangre.

En el libro de Éxodo también son los Israelitas amonestados a cocinar la carne bien, y no comerla cruda:

"Y aquella noche comerán la carne asada al fuego, y panes sin levadura; con hierbas amargas lo comerán. Ninguna cosa comeréis de él cruda, ni cocida en agua, sino asada al fuego; su cabeza con sus pies y sus entrañas".

Éxodo 12:8-9

#4. La Comida Que Sobra Debe Ser Refrigerada Y Almacenada Apropiadamente.

Hoy en día sabemos que las bacterias, los hongos, etc., se multiplican más y más en los alimentos a medida que el tiempo pasa. Lo que llega a producir las enfermedades infecciosas depende de la frecuencia de exposición a comidas contaminadas con estos gérmenes y también depende de la cantidad de colonias de estos agentes infecciosos que se encuentran en esos alimentos.

Cuando las bacterias llegan a multiplicarse en números tan altos es cuando producen enfermedades en los humanos. En otras ocasiones es la toxina que el germen produce a medida que el tiempo pasa, lo que nos intoxica.

Por lo tanto, la ciencia recomienda que nos comamos la comida el mismo día que la cocinamos. Los Israelitas podían comerla, además del primer día, hasta el día siguiente, pero tenían que, por obligación, quemarla en el tercer día.

> **"Mas si el sacrificio de su ofrenda fuere voto, o voluntario, será comido el día que ofreciere su sacrificio, y lo que quedare, lo comerán al día siguiente; Y lo que quedare de la carne del sacrificio hasta el tercer día, será quemado en el fuego".**
>
> **Levítico 7:16-17**

Las enfermedades infecciosas en general, ya sean del tracto gastrointestinal, la piel, las vías respiratorias, etc., tienen en común ciertas reglas para prevenir la diseminación de la enfermedad en cuestión. Una de las reglas más importante es aislar a la persona infectada del resto de la comunidad para prevenir la propagación de la enfermedad a individuos que están en buen estado de salud. Esta cuarentena o separación del resto de la comunidad puede durar de siete a cuarenta días o hasta tiempo indefinido, dependiendo del tipo de proceso infeccioso al que nos estamos enfrentando.

En La Torá encontramos pistas de cómo reconocer la enfermedad infecciosa para la lepra, la cual era muy común durante la época en que se escribieron estos libros. Si a pesar de estos signos médicos no estaban seguros que era lepra, entonces debían separar a ese individuo con la enfermedad en cuestión, del resto de la comunidad por un período de siete días. Así, daba oportunidad a otros síntomas médicos clásicos de dicha enfermedad, a desarrollarse en el individuo enfermo, para poder hacer el diagnóstico con certeza. Si todavía no podían descartar que tuviera lepra, entonces lo aislaban siete días más.

> "Y si en la piel de su cuerpo hubiere mancha blanca, pero que no pareciere más profunda que la piel, ni el pelo se hubiera vuelto blanco, entonces el sacerdote encerrará al llagado por siete días.
> Y al séptimo día el sacerdote lo mirará; y si la llaga conserva el mismo aspecto, no habiéndose extendido en la piel, entonces el sacerdote le volverá a encerrar por otros siete días.
> Y al séptimo día el sacerdote le reconocerá de nuevo; y si parece haberse oscurecido la llaga, y que no ha cundido en la piel, entonces el sacerdote lo declarará limpio: era erupción; y lavará sus vestidos, y será limpio.
> Pero si se extendiere la erupción en la piel después que él se mostró al sacerdote para ser limpio, deberá mostrarse otra vez al sacerdote.
> Y si reconociéndolo el sacerdote vé que la erupción se ha extendido en la piel, lo declarará inmundo: es lepra".
>
> Levítico 13:4-8

Entonces el sacerdote hacía el diagnóstico final y el leproso era separado permanentemente del resto de la comunidad y quedaba aislado hasta que la persona infectada era completamente sanada.

> "Todo el tiempo que la llaga estuviere en él, será inmundo; será impuro, y habitará solo; fuera del campamento será su morada".
>
> Levítico 13:46

No solamente el libro de "Levítico" reconoce que la persona puede llevar la enfermedad, pero también que esos gérmenes se pueden encontrar en la ropa y los artículos personales del enfermo, especialmente si dichas posesiones eran elaborados de sustancias orgánicas como la lana, el lino y el cuero. Entonces procede a decirle cómo reconocer si esos artículos están contaminados y cómo deben ser destruidos con fuego.

> **"Y el sacerdote mirará la plaga, y encerrará la cosa plagada por siete días.**
> **Y al séptimo día mirará la plaga; y si se hubiere extendido la plaga en el vestido, en la urdimbre o en la trama, en el cuero, o en cualquiera obra que se hace de cuero, lepra maligna es la plaga; inmunda será. Será quemado el vestido, la urdimbre o trama de lana o de lino, o cualquiera obra de cuero en que hubiere tal plaga, porque lepra maligna es; al fuego será quemada".**
> Levítico 13:50-52

Moisés entendía el concepto de "tiempo" que es necesario dejar pasar para que se desarrollen los síntomas o signos de las enfermedades infecciosas y poder distinguirlas de las no infecciosas, que no se transmiten por contacto o exposición a ella.

> **"Mas si el sacerdote la viere, y pareciere que la plaga se ha oscurecido después que fue lavada, la cortará del vestido, del cuero, de la urdimbre o de la trama.**
> **Y si apareciere de nuevo en el vestido, la urdimbre o trama, o en cualquiera cosa de cuero, extendiéndose en ellos, quemarás al fuego aquello en que estuviere la plaga.**

Pero el vestido, la urdimbre o la trama, o cualquiera cosa de cuero que lavares, y que se le quitare la plaga, se lavará segunda vez, y entonces será limpia".

Levítico 13:56-58

Podemos leer hasta ahora el conocimiento profundo acerca de las enfermedades infecciosas en estos libros antiguos de La Torá. Primero nos dice cómo podemos encontrar estos gérmenes asesinos en la carne de los animales que mueren solos por enfermedad o son despedazados por otros animales; después, cómo animales sucios como las ratas, etc., si caen en el agua o en la comida especialmente si las vasijas son de barro, pueden contaminar la comida, agua e incluso la vasija; sigue explicándonos que si comemos comidas cocinadas por más de un día, entonces se multiplican los gérmenes y nos pueden enfermar. Prosigue describiendo a las personas en sí que tienen enfermedades infecciosas como fuente de contagio para el resto de la comunidad; incluyendo en éstas los artículos personales del enfermo que están hechos de materiales orgánicos.

Finalmente habla acerca de "la casa" del leproso. Nos advierte que la casa también puede estar contaminada con los gérmenes del enfermo y transmitir la lepra a cualquier nueva persona que viva en ella. Termina diciéndoles cómo reconocer si esa casa está contaminada con el bacilo de la lepra, ya que los Israelitas estaban llegando a la tierra de Canaán, donde había casas ya construidas y Dios quería que ellos pudieran reconocer los signos de la casa en que un leproso había vivido, para poder evitar que los hijos de Jacob, adquirieran esta horrible enfermedad.

"Y examinará la plaga; y si se vieren manchas en las paredes de la casa, manchas verdosas o rojizas, las cuales parecieren más profundas que la super-

> ficie de la pared, el sacerdote saldrá de la casa a la puerta de ella, y cerrará la casa por siete días.
> Y al séptimo día volverá el sacerdote, y la examinará; y si la plaga se hubiera extendido en las paredes de la casa..."
>
> Levítico 14:37-39

Una vez que pueden reconocer las casas contaminadas con el germen de la lepra, les dice qué hacer con esa casa.

> "entonces mandará el sacerdote, y arrancarán las piedras en que estuviere la plaga, y las echarán fuera de la ciudad en lugar inmundo. Y hará raspar la casa por dentro alrededor, y derramarán fuera de la ciudad, en lugar inmundo, el barro que rasparen.
> Y tomarán otras piedras y las pondrán en lugar de las piedras quitadas; y tomarán otro barro y recubrirán la casa".
>
> Levítico 14:40-42

Aún más, La Torá les dice a los hebreos qué hacer en caso de que la marca de la lepra reaparezca otra vez:

> "Y si la plaga volviere a brotar en aquella casa, después que hizo arrancar las piedras y raspar la casa, y después que fue recubierta,
> Entonces el sacerdote entrará y la examinará; y si pareciere haberse extendido la plaga en la casa, es lepra maligna en la casa; inmunda es.
> Derribará, por tanto, la tal casa, sus piedras, sus maderos y toda la mezcla de la casa; y sacarán todo fuera de la ciudad a lugar inmundo.

Y cualquiera que entrare en aquella casa durante los días en que la mandó cerrar, será inmundo hasta la noche.
Y el que durmiere en aquella casa, lavará sus vestidos; también el que comiere en la casa lavará sus vestidos.
Mas si entrare el sacerdote y la examinare, y viere que la plaga no se ha extendido en la casa después que fue recubierta, el sacerdote declarará limpia la casa, porque la plaga ha desaparecido".

Levítico 14:43-48

Las casas en aquel entonces eran construidas con piedras y materiales orgánicos como madera y barro donde el "mycobacterium leprae" pudiera haber invadido. Al leer todas estas cosas yo me encontré impresionada y espero haber compartido con ustedes mi asombro.

Ha habido por lo menos tres pandemias de la plaga bubónica o "Muerte Negra" que han sido registradas en los últimos 2,000 años.

La primera fue descrita en el siglo siete después de Cristo. La segunda ocurrió en los años 1,500 a.C., y es ésta a la que se le dió el sobrenombre de "la muerte negra". Durante la edad media, 25 millones de muertes fueron atribuidas a la muerte negra, (1/4 de la población de Europa). Esta enfermedad es transmitida al hombre por la picada de las pulgas de roedores. Estos insectos chupan la sangre de la rata infectada con la peste bubónica, infectándose ellas, y después pican al hombre pasándole la enfermedad al humano. También puede adquirir esta enfermedad el hombre que come carne de uno de estos roedores que estaban infectados con la plaga, como por ejemplo las ardillas, conejos, ratas salvajes y perros de la pradera.

A los hebreos se les dijo desde el principio no comer estos animales.

> **"También el conejo, porque rumia, pero no tiene pezuña, lo tendréis por inmundo. Asimismo la liebre, porque rumia, pero no tiene pezuña, la tendréis por inmunda".**
>
> **Levítico 11:5-6**

> **"De la carne de ellos no comeréis, ni tocaréis su cuerpo muerto; los tendréis por inmundos".**
>
> **Levítico 11:8**

> **"Y tendréis por inmundos a estos animales que se mueven sobre la tierra: la comadreja, el ratón, la rana según su especie, el erizo, el cocodrilo, el lagarto la lagartija y el camaleón".**
>
> **Levítico 11:29**

La plaga bubónica también puede ser transmitida de humano a humano; el enfermo tiene los gérmenes en el pulmón y al toser vuelan por el aire y cualquier persona saludable que esté cerca va a respirar esos gérmenes de la plaga y así contraer esta enfermedad mortal.[3]

Si tocas a una persona que muere de esta plaga también puedes contraer la enfermedad, lo mismo si tocas los artículos personales de dicho muerto. ¡El germen que causa esta enfermedad, "Pasteurela Pestis", puede sobrevivir en la tierra hasta 7 meses!

Vimos que los israelitas ponen en cuarentena a las personas sospechosas de tener una enfermedad infecciosa, hasta que el diagnóstico haya sido elucidado.

Ellos también comprendían la transmisión de estas enfermedades a través de las prendas personales de los infectados. Se les previene que no deben ni tocar el cuerpo de estos animales roedores y que tienen que lavar o destruir con fuego cualquier cosa que ha estado en contacto con los moribundos enfermos.

> **"Y todo aquello sobre lo que cayere algo de ellos después de muertos, será inmundo; sea cosa de madera, vestido, piel, saco, sea cualquier instrumento con que se trabaja, será metido en agua, y quedará inmundo hasta la noche; entonces quedará limpio."**
>
> **Levítico 11:32**

> **"Con todo, la fuente y la cisterna donde se recogen aguas serán limpias; mas lo que hubieran tocado los cuerpos muertos serán inmundos".**
>
> **Levítico 11:36**

Cuando estudiaba estas enfermedades, me preguntaba si las personas que vivían en la edad media sabían todas estas instrucciones, ya que así hubieran podido haber evitado cientos de miles de muertes. Entonces, leí cómo Nostradamus, un médico Francés de esta época, hizo grandes progresos controlando la rápida expansión de esta enfermedad en Europa. Nostradamus es mejor conocido por sus predicciones acerca del futuro. Más intrigada aún de cómo este médico pudo ayudar las gentes cuando no existían antibióticos en el mundo de los años 1,500, me motivó a estudiar su biografía. Encontré que, tanto su abuelo paterno como el materno, eran judíos y enseñaron La Torá a Nostradamus desde que era un niño.

Por lo tanto, este médico místico sabía las recomendaciones del libro de Levítico de cómo evitar la adquisición y propagación de esta enfermedad y puso a trabajar todo este conocimiento evitando el contacto con estos animales, lavando, lavando y lavando otra vez, aislando a los enfermos poniéndolos en cuarentena, quemando los artículos de posesión de los enfermos víctimas de la peste bubónica y Nostradamus mismo, después de estar en contacto con estos enfermos o muertos, siempre se quitaba la ropa y la lavaba. También se bañaba minuciosamente.

> **"El que tocare cadáver de cualquier persona será inmundo siete días. Al tercer día se purificará con aquella agua, y al séptimo día será limpio; y si al tercer día no se purificare, no será limpio al séptimo día".**
>
> **Números 19:11**

Se cree que a partir de aquí se adoptó la costumbre de lavarse las manos después de un funeral.

La tercera pandemia de la Peste Bubónica se originó en la China en el año 1894 y se diseminó a través de todos los continentes. Esta es una de las enfermedades discutidas en Bio-terrorismo y existe el temor de que algún desquiciado se le ocurra usar la "pasteurela pestis" como arma biológica del siglo XXI. Tanto La Torá, como la ciencia, tienen el conocimiento de cómo evitar una cuarta pandemia de la Peste Bubónica, pero, este conocimiento si no lo llevamos al mundo de nada nos servirá. Por esta razón Dios nos dice en su Libro que nos dejó hace tantos siglos:

> **"Por tanto, guárdate, y guarda tu alma con diligencia, para que no te olvides de las cosas que tus ojos han visto, ni se aparten de tu corazón todos los días de tu vida; antes bien, las enseñarás a tus hijos.**
>
> **El día que estuviste delante de Jehová tu Dios en Horeb, cuando Jehová me dijo: Reúneme el pueblo, para que yo les haga oír mis palabras, las**

cuales aprenderán, para temerme todos los días que vivieren sobre la tierra, y las enseñarán a sus hijos".

Deuteronomio 4:9-10

¡Qué Padre más lleno de amor y de Gracia es nuestro Dios! que se involucra en los más mínimos detalles para la sobre vivencia de su máxima creación, la raza humana. Por medio de Moisés nos dijo una y otra vez, que siguiéramos los mandamientos de Dios en Su Palabra, La Biblia, que la leyéramos frecuentemente y se la enseñáramos a nuestros hijos, ¡para que puedan vivir!

"Ahora, pues, oh Israel, oye los estatutos y decretos que yo os enseño, para que los ejecutéis, y viváis..."

Deuteronomio 4:1

Ahora, dígame usted:

¿Lo estamos haciendo?

El lugar donde la mayoría de los niños reciben su educación es en los colegios públicos del mundo, y contésteme:

¿Cuántos enseñan La Biblia en esos colegios?

5
Enfermedades Espirituales

Dios nos dio este libro de instrucciones, La Biblia, en el cual nos dice cómo vivir esta vida terrenal y hasta cómo alcanzar la vida eterna, si la buscamos...

El nos hizo "Pensadores" con la capacidad de darnos cuenta e indagar acerca de nuestro universo, de nuestras emociones, de nuestro cuerpo y espíritu, pero, especialmente de llegar a conocer a Dios, nuestro Creador.

Y entonces, El tuvo una ocurrencia genial y nos hizo libres para escoger...

Podemos escoger si estudiar su Manual de instrucciones y aprender cómo vivir una vida feliz, saludable y larga aquí en la tierra; o si, ni siquiera abrir el Libro y lanzarnos a ciegas por la vida a recibir trancazos, enfermarnos y ser infelices.

Podemos indagar en el Libro acerca de ese sentimiento que todos llevamos adentro de que somos eternos y El nos lo dice a través del Rey Salomón:

> **"Yo he visto el trabajo que Dios ha dado a los hijos de los hombres para que se ocupen en él.**
> **Todo lo hizo hermoso en su tiempo; *y ha puesto eternidad en el corazón* de ellos, sin que alcance el hombre a entender la obra que ha hecho Dios desde el principio hasta el fin.**
> **Yo he conocido que no hay para ellos cosa mejor que alegrarse, y hacer bien en su vida; y también que es don de Dios que todo hombre coma y beba, y goce el bien de toda su labor.**
> **He entendido que todo lo que Dios hace será perpetuo; sobre aquello no se añadirá, ni de ello se disminuirá; y lo hace Dios, para que delante de él teman los hombres".**
>
> **Eclesiastés 3:10-14**

Y durante nuestras indagaciones de esos 66 libros que componen la Biblia, llegaremos a conocer quién es Dios, nuestro Creador, y que en Su amor por nosotros, diseñó un plan perfecto de Salvación Eterna, para el que quiera vivir con El para siempre.

Los seres humanos nacemos con espíritus enfermos (mas bien muertos). Jesús nos lo aclara en Juan 3:3-7.

La falta de conocimiento de La Palabra de Dios en nuestro pueblo hispano nos lleva a perecer. Las religiones mundiales al mantener al pueblo apartado de toda La Biblia, y solo permitirle conocer ciertos pasajes del Sagrado Libro, contribuyen a la perpetuación de su "fallecimiento" espiritual.

Papa Dios nos lo dijo a través del profeta Oseas:

> **"Mi pueblo fue destruido, porque le faltó conocimiento. Por cuanto desechaste el conocimiento, yo te echaré del sacerdocio; y porque olvidaste la ley de tu Dios, también yo me olvidaré de tus hijos".**
>
> **Oseas 4:6**

La historia se repite, nuestro Creador reprende a los sacerdotes aproximadamente en el año 755 antes de Cristo por no enseñarle toda La Palabra de Dios a la población de ese entonces. En el 2007 después de Cristo, los líderes religiosos del mundo siguen manteniendo ignorante al pueblo. Por lo tanto, el espíritu de nuestra gente sigue moribundo.

#1. ¿Sabe usted cuál es ese plan de volver a vivir con nuestro Creador para siempre?

Es tan sencillo que un hombre no pudo haberlo inventado.

Papa Dios iluminó al Dr. James Kennedy a establecer de una manera sencilla a compartir el mensaje central de La Biblia a través de: Evangelismo Explosivo Internacional. Aquí pueden asistir personas laicas como tú y como yo para aprenderlo. Entonces entenderás y aprenderás de este plan maravilloso de vivir una eternidad con nuestro Creador. El Señor lo diseñó desde que estableció las fundaciones del universo y lo dejó instituido en La Biblia.

1) Dios Creó al hombre y todo el universo y lo dejó como testimonio de que El lo hizo.

> **"Los cielos cuentan la gloria de Dios, Y el firmamento anuncia la obra de sus manos.**
> **Un día emite palabra a otro día, Y una noche a otra noche declara sabiduría.**

No hay lenguaje, ni palabras, Ni es oída su voz. Por toda la tierra salió su voz, Y hasta el extremo del mundo sus palabras. En ellos puso tabernáculo para el sol; Y éste, como esposo que sale de su tálamo, Se alegra cual gigante para correr el camino.
De un extremo de los cielos es su salida, Y su curso hasta el término de ellos; Y nada hay que se esconda de su calor.
La ley de Jehová es perfecta, que convierte el alma; El testimonio de Jehová es fiel, que hace sabio al sencillo".

Salmo 19:1-7

Y también nos dice:

"¡Oh Jehová, Señor nuestro, cuán glorioso es tu nombre en toda la tierra! Has puesto tu gloria sobre los cielos; de la boca de los niños y de los que maman, fundaste la fortaleza, a causa de tus enemigos, para hacer callar al enemigo y al vengativo.
Cuando veo tus cielos, obra de tus dedos, la luna y las estrellas que tú formaste, digo: ¿Qué es el hombre, para que tengas de él memoria, y el hijo del hombre, para que lo visites?
Le has hecho poco menor que los ángeles, Y lo coronaste de gloria y de honra.
Le hiciste señorear sobre las obras de tus manos; Todo lo pusiste debajo de sus pies ..."

Salmo 8:1-6

El hombre pecó al desobedecer a Dios, en el principio de la humanidad, esto lo separó de su Creador y todos los hombres son pecadores.

> **"Por cuanto todos pecaron, y están destituidos de la gloria de Dios..."**
>
> **Romanos 3:23**

Todos los hombres, entonces, necesitan de ayuda para ser libres del pecado, pues dice Jesucristo en el Evangelio de Mateo que, tenemos que ser perfectos como el Padre en el cielo es perfecto, y al decir que todos somos pecadores, ya vimos que solos no podemos llegar a ser perfectos.

¿Quién de nosotros no ha pecado?

No sólo están los pecados de comisión; los que hacemos, sino, también los de omisión, cuando dejamos de hacer lo que deberíamos estar haciendo y, hasta los de pensamiento. Jesús nos dice:

> **"Oísteis que fue dicho: No cometerás adulterio. Pero yo os digo que cualquiera que mira a una mujer para codiciarla, ya adulteró con ella en su corazón".**
>
> **Mateo 5:27-28**

Necesitamos algo más, que nos ayude a borrar esos pecados, pues nadie es perfecto.

> **"Sed, pues, vosotros perfectos, como vuestro Padre que está en los cielos es perfecto".**
>
> **Mateo 5:48**

3) Dios es amor, y por lo tanto, misericordioso y quiere perdonarnos. Nos dice:

> **"El que no ama, no ha conocido a Dios; porque Dios es amor".**
>
> **1 Juan 4:8**

4) Dios es Justo y tiene que castigar el pecado.

"Jehová es lento para la ira y grande en misericordia. El perdona la iniquidad y la rebelión, pero de ninguna manera Dará por inocente al culpable. Castiga la maldad de los padres sobre los hijos, sobre la tercera y sobre la cuarta generación".

Números 14:18

5) Controversia para el ser humano, somos pecadores, Dios es amoroso y misericordioso y no nos quiere castigar pero, es también Justo y tiene que castigar el pecado.

Dios resolvió el problema con su plan de Salvación que desde el principio lo tenía listo y se lo dijo a Adán desde que, por el pecado, se separó de Dios. Esto para que Adán supiera que Dios tanto lo amó, que le daría la oportunidad de volver a Dios. La promesa de que un descendiente de Adán y Eva destruiría a Satanás, le daría por la cabeza, que sería un golpe mortal, ya que Satanás lo indujo al pecado, aunque Satanás le haría daño a ese descendiente, sería sólo en el pie; no sería mortal la herida.

"Y pondré enemistad entre ti y la mujer, y entre tu simiente y la simiente suya; ésta te herirá en la cabeza, y tú le herirás en el calcañal".

Génesis 3:15

Y Desde ese momento Dios nos va revelando poco a poco, a través de su palabra (la Biblia), cuál es Su plan para que podamos vivir con El eternamente. Ese mismo que iba a herir a Satanás en la cabeza, en el último libro de la Ley, le dice a Moisés:

"Profeta de en medio de ti, de tus hermanos, como yo, te levantará Jehová tu Dios; a él oiréis; Conforme a todo lo que pediste a Jehová tú Dios

en Horeb el día de la asamblea, diciendo: No vuelva yo a oír la voz de Jehová mi Dios, ni vea yo más este gran fuego, para que no muera.
Y Jehová me dijo: Han hablado bien en lo que han dicho.
Profeta les levantaré de en medio de sus hermanos, como tú; y pondré mis palabras en su boca, y él les hablará todo lo que yo le mandare.
Mas a cualquiera que no oyere mis palabras que él hablare en mi nombre, yo le pediré cuenta".

Deuteronomio 18:15-19

6) Todo ese tiempo, en sus planes tenía darnos como un **regalo** la vida eterna, se lo revela al Apóstol Pablo cuando dice:

"Porque la paga del pecado es muerte, mas el regalo de Dios es vida eterna..."

Romanos 6:23

Si es un regalo de Dios, entonces es Dios el que paga por el regalo, no nosotros, entonces es claro que no son nuestras obras las que nos dan la vida eterna, es Dios quien nos lo regala. Pablo hace énfasis otra vez:

"Porque por gracia sois salvos por medio de la fe; y esto no de vosotros, pues es regalo de Dios; No por obras, para que nadie se gloríe".

Efesios 2:8-9

¡Increíble! No habrá un solo ser humano que se salve por sus obras!

¿Entonces qué será de mí?

7) Y entonces, ya que es Dios el que paga por el regalo, Dios mismo se hizo hombre, se encarnó en la persona de Jesucristo y pagó por el regalo, cargando en su cuerpo todos los pecados del mundo, y resucitó al tercer día para probar que tenía el boleto del regalo de nuestra entrada en la vida eterna con Dios. Entonces Jesucristo es 100% Dios, nos los dice el Apóstol.

> **"En el principio era el Verbo, y el Verbo era con Dios, y el Verbo era Dios.**
> **El era en el principio con Dios.**
> **Todas las cosas fueron hechas por medio de él, y sin él no fue hecho nada de lo que ha sido hecho".**
>
> **Juan 1:1-3**

Si en vez de Verbo, ponemos Jesucristo, entonces dice que Jesucristo era Dios. Dios no tiene principio ni final, no sólo eso sino, que existía desde el principio de la creación de este universo. ¡Entonces existía antes que La Virgen María, y ella misma fue hecha por El!

> **"Y aquel Verbo fue hecho carne, y habitó entre nosotros (y vimos su gloria, gloria como del unigénito del Padre), lleno de gracia y de verdad".**
>
> **Juan 1:14**

Buscando el segundo testigo en el Viejo Testamento de que Jesucristo es Dios, leemos al profeta:

> **"Porque un niño nos es nacido, hijo nos es dado, y el principado sobre su hombro; y se llamará su nombre Admirable, Consejero, Dios Fuerte, Padre Eterno, Príncipe de Paz".**
>
> **Isaías 9:6**

Y también a través del profeta Isaías nos dice, que este era su plan todo el tiempo, o sea, Dios mismo pagaría por el regalo eterno y al mismo tiempo, cumpliría con su Justicia castigando los pecados de la humanidad.

> **"Todos nosotros nos descarriamos como ovejas, cada cual se apartó por su camino; mas Jehová cargó en El el pecado de todos nosotros".**
>
> **Isaías 53:6**

Bien, entonces algunos de ustedes dirán, bueno si es Dios, a lo mejor no le dolió tanto esos latigazos que le abrieron la carne o esas espinas que le hincaron las sienes o esos clavos con que lo traspasaron. Pero, sí lo sufrió como cualquier hombre, pues Jesucristo es 100% hombre, y se despojó de las prerrogativas de Su Deidad al encarnarse en ser humano, nos lo dice el Apóstol Pablo en el libro de Filipenses:

> **"Haya, pues, en vosotros este sentir que hubo también en Cristo Jesús, el cual, siendo en forma de Dios, no estimó el ser igual a Dios como cosa a qué aferrarse, sino que *se despojó a sí mismo,* tomando forma de siervo, haciéndose semejante a los hombres; y hallándose en condición de hombre, se humilló a Sí mismo haciéndose obediente hasta la muerte, ¡y muerte de cruz!"**
>
> **Filipenses 2:5-8**

¡Cuánto nos ama nuestro Creador! Dejar los privilegios de Dios para poder sufrir como hombre y pagar por nuestros pecados, cumpliendo con Su justicia y Su amor, simultáneamente. Y no era que El no podía volver a ser Dios cuando El lo escogiera, pues vemos cómo en un momento le enseña a Pedro, Juan y a Jacobo (Jaime) su Deidad. Durante la transfiguración, Jesús se quita la envoltura humana que se puso y enseña su Deidad interna:

> **"Seis días después, Jesús tomó consigo a Pedro, a Jacobo y a Juan su hermano, y los llevó aparte a un monte alto; y se transfiguró delante de ellos, y resplandeció su rostro como el sol, y sus vestidos se hicieron blancos como la luz".**
>
> **Mateo 17:1-2**

Sin embargo, cuando llegó la hora de pagar por "el regalo," por nuestros pecados, no recurrió a su Deidad, no se transfiguró, sino como hombre sintió el rechazo del ser humano, la traición y el dolor de cada uno de los desgarros que su cuerpo sufrió, sólo para darnos la oportunidad de estar con Dios, eternamente. ¡Ah! ¡Qué amor!

8) ¿Y cómo podemos recibir ese regalo?

Como ya discutimos anteriormente, ese regalo lo recibimos por Fe, Pablo nos lo dijo en Efesios 2:8-9. Pero, también nos lo dice la Biblia en el libro de Hechos de los Apóstoles:

> **"Ellos dijeron: Cree en el Señor Jesucristo, y serás salvo, tú y tu casa".**
>
> **Hechos de los Apóstoles 16:31**

Así de fácil. Fe es creer.

Pero ¿Creer qué?

Hay muchos tipos de Fe o creencias.

Por ejemplo, está la Fe del conocimiento, del saber.

Saber que Dios existe ¿nos da el regalo de la vida eterna?

No, en la epístola de Santiago (que en realidad su nombre era Jacobo) nos dice:

> **"Tú crees que Dios es uno; bien haces. También los demonios creen, y tiemblan".**
>
> **Santiago 2:19**

Los demonios creen en un Dios y, sin embargo, no recibirán el regalo de vida Eterna con Dios, por eso tiemblan.

Bueno, a lo mejor saber que Dios se hizo el Hijo del Hombre en Jesucristo para pagar por mis pecados, es la fe salvadora, la que nos da el regalo. Siento decirles que no, La Biblia nos dice en el Evangelio de Marcos 5:1-14

> "Fueron a la otra orilla del mar, a la región de los gadarenos.
> Y cuando salió él de la barca, en seguida vino a su encuentro, de los sepulcros, un hombre con un espíritu inmundo, que tenía su morada en los sepulcros, y nadie podía atarle, ni aun con cadenas.
> Porque muchas veces había sido atado con grillos y cadenas, mas las cadenas habían sido hechas pedazos por él, y desmenuzados los grillos; y nadie le podía dominar.
> Y siempre, de día y de noche, andaba dando voces en los montes y en los sepulcros, e hiriéndose con piedras. Cuando vio, pues, a Jesús de lejos, corrió, y se arrodilló ante él.
> Y clamando a gran voz, dijo: ¿Qué tienes conmigo, Jesús, Hijo del Dios Altísimo? Te conjuro por Dios que no me atormentes.
> Porque le decía: Sal de este hombre, espíritu inmundo.
> Y le preguntó: ¿Cómo te llamas? Y respondió diciendo: Legión me llamo; porque somos muchos.
> Y le rogaba mucho que no los enviase fuera de aquella región.
> Estaba allí cerca del monte un gran hato de cerdos paciendo.

Y le rogaron todos los demonios, diciendo: Envíanos a los cerdos para que entremos en ellos. Y luego Jesús les dio permiso. Y saliendo aquellos espíritus inmundos, entraron en los cerdos, los cuales eran como dos mil; y el hato se precipitó en el mar por un despeñadero, y en el mar se ahogaron.
Y los que apacentaban los cerdos huyeron, y dieron aviso en la ciudad y en los campos. Y salieron a ver qué era aquello que había sucedido".

Marcos 5:1-14

Vemos en el versículo 7, del capítulo 5 del Evangelio de Marcos, que las legiones de demonios reconocen que Jesucristo es el hijo de Dios, sin embargo, eso no salva a los demonios, ellos tampoco recibirán el regalo de la vida eterna, ni irán a vivir eternamente con Dios en el cielo, y es más, saben que lo que les espera es tormento.

Entonces,

¿Cuál es esa Fe salvadora que nos da el regalo de la vida Eterna?

Es cuando ponemos en nuestro Señor Jesucristo toda nuestra convicción, nos arrepentimos de nuestros pecados, pedimos perdón y aceptamos el regalo que el pagó por limpiarnos. Confesamos con nuestra boca que Jesucristo es nuestro Salvador y lo recibimos en Nuestro Corazón como nuestro Rey. La Fe es creer y aceptar lo que El hizo por nosotros y que ahora estamos dispuestos a hacer lo que El nos indique en nuestros corazones como nuestro Rey. Nos dice Pablo:

"Mas ¿qué dice? Cerca de ti está la palabra, en tu boca y en tu corazón. Esta es la palabra de fe que predicamos: que si confesares con tu boca que Jesús es el Señor, y creyeres en tu corazón que

> Dios le levantó de los muertos, serás salvo.
> Porque con el corazón se cree para justicia, pero con la boca se confiesa para salvación".
>
> Romanos 10:8-10

¡Que plan tan sencillo!

Explicado a través de los 66 libros de la Biblia empezando con Génesis 3:15 y terminando en Apocalipsis:

> "Yo reprendo y castigo a todos los que amo; sé, pues, celoso, y arrepiéntete.
> He aquí, yo estoy a la puerta y llamo; si alguno oye mi voz y abre la puerta, entraré a él, y cenaré con él, y él conmigo".
>
> Apocalipsis 3:19-20

#2. ¿Quieres recibir el regalo de la vida eterna?

Arrepiéntete de tus pecados y confiesa con tu boca que Jesús es tu salvador, pide perdón y recíbelo en tu corazón como tu Rey. Creer que el paracaídas te salva esta bien, pero si no te lo pones, y te tiras del avión te vas a matar. Si crees que el paracaídas te salva, entonces te lo pones antes de tirarte.

Si aceptas, puedes decir esta simple oración:

> "Padre Nuestro que estás en los cielos, Te doy gracias por el regalo de la vida Eterna. Yo no lo merezco ni puedo hacer nada para ganarlo. Me arrepiento de todos mis pecados y te pido que me perdones.
> Gracias Padre por mandar a tu hijo Jesucristo para que me limpie con su sangre.
> Gracias Jesús porque siendo Tú inocente, en amor

por mí moriste en la cruz, para que yo no tuviera que morir en ella pagando por mis pecados.
Hoy confieso con mi boca que Jesucristo es mi Salvador y lo recibo en mi corazón como Rey.
Envía a tu Espíritu Santo para que me dé Fe y me ayude a mantenerme libre de pecado. Que me guíe a través de Tu Palabra, la Biblia, por el camino que debo seguir.
En el nombre de tu hijo Jesucristo te lo pido, Amen".

Si hiciste esta oración, nos dice Nuestro Señor Jesucristo que naciste otra vez, no de la carne, pero, del Espíritu:

"Respondió Jesús y le dijo: De cierto, de cierto te digo, que el que no naciere de nuevo, no puede ver el reino de Dios.
Nicodemo le dijo: ¿Cómo puede un hombre nacer siendo viejo? ¿Puede acaso entrar por segunda vez en el vientre de su madre, y nacer?
Respondió Jesús: De cierto, de cierto te digo, que el que no naciere de agua y del Espíritu, no puede entrar en el reino de Dios.
Lo que es nacido de la carne, carne es; y lo que es nacido del Espíritu, espíritu es.
No te maravilles de que te dije: *Os es necesario nacer de nuevo*".

Evangelio de Juan 3:3-7

Naciste de nuevo, esta vez del Espíritu. Al principio, cuando Dios nos creó le pidió a Adán que tuviera Fe en El. Que creyera en lo que Dios le dijo. Dios le dio al hombre de Su espíritu en imagen y semejanza.

Entonces dijo Dios: "Hagamos al hombre a nuestra imagen, conforme a nuestra semejanza..."
Génesis 1:26

Después, Dios le dijo a Adán que no comiera del árbol de la fruta prohibida, porque ese mismo día moriría.

Y Jehová Dios mandó al hombre diciendo: "Puedes comer de todos los árboles del Jardín; pero del árbol del conocimiento del bien y del mal no comerás, porque *el día* que comas de él, ciertamente morirás."
Génesis 2:16-17

Sabemos que Adán no le creyó a Dios lo que le dijo, pues Adán sí comió del fruto prohibido. Si Adán le hubiera creído a Dios, no hubiera comido. O sea Adán no tuvo Fe en Dios, no creyó que si se comía la fruta moriría.

La pregunta es ¿Murió ese día Adán?

El cuerpo de Adán no murió ese día, la Biblia nos dice que Adán vivió más de 900 años.

Lo que murió ese día fue el espíritu de Adán. Ahora Adán tiene su cuerpo y su alma (la mente, emociones etc.) y un espíritu en semejanza a Dios, pero muerto en delitos y pecados.

Entonces toda la descendencia de Adán tiene un cuerpo, un alma y un espíritu "muerto" que necesita nacer otra vez.

Dios nos amó tanto que manda a su hijo Jesucristo a pagar por nuestros pecados y la oportunidad de que nazcamos otra vez a través de la Fe. Simplemente que le creamos a Dios.

Porque ¿cómo se salvaron todos aquellos que vivieron antes de Cristo?

Muy simple, por Fe en Dios; le creyeron a Papa Dios lo que Este decía a través de la profecía. Creyeron que mandaría algún día al Salvador, al Mesías, a Jesús. En el Viejo Testamento hay más de 300 profecías dadas acerca de la venida de Ese, que sería de naturaleza Divina y nos llevaría de nuevo a Dios. Tan pronto Adán y Eva son expulsados del Edén , nuestro Padre Celestial les dio la primera promesa.

> **Génesis 3:13-15**
> **13**
> **Entonces Jehová Dios dijo a la mujer: --¿Por qué has hecho esto? La mujer dijo: --La serpiente me engañó, y comí.**
>
> **14**
> **Entonces Jehová Dios dijo a la serpiente: --Porque hiciste esto, serás maldita entre todos los animales domésticos y entre todos los animales del campo. Te arrastrarás sobre tu vientre y comerás polvo todos los días de tu vida.**
>
> **15**
> **Y pondré enemistad entre ti y la mujer, y entre tu descendencia y su descendencia; ésta te herirá en la cabeza, y tú le herirás en el talón.**

Pero, una vez que Cristo vino, si no lo aceptamos como nuestro Salvador, entonces hacemos de Dios un mentiroso, no le creemos y no podemos recibir el regalo de la Salvación.

> **"El que cree en el Hijo de Dios tiene el testimonio en sí mismo; el que no cree a Dios le ha hecho mentiroso, porque no ha creído en el testimonio que Dios ha dado acerca de su Hijo.**
> **Y éste es el testimonio: que Dios nos ha dado vida eterna, y esta vida está en su Hijo".**
>
> **1 Juan 5:10-11**

Y cuando naciste físicamente, eras un bebé y tu mamá te dio leche para que pudieras crecer y desarrollarte bien. Y nos dice el apóstol Pedro que la leche del espíritu es la Biblia que es la Palabra de Dios, y que debes leerla para alimentar a ese bebé espiritual que nació hoy en ti.

> **"Desechando, pues, toda malicia, todo engaño, hipocresía, envidias, y todas las detracciones, desead, como niños recién nacidos, la leche espiritual no adulterada, para que por ella crezcáis para salvación".**
>
> **1 Pedro 2:1-2**

Y nos dice Pablo que debemos seguir estudiando la Palabra de Dios, que era leche, crecemos y no seremos mas bebés y necesitaríamos alimentos sólidos; que seguirá siendo La Palabra de Dios.

> **"Porque debiendo ser ya maestros, después de tanto tiempo, tenéis necesidad de que se os vuelva a enseñar cuáles son los primeros rudimentos de las palabras de Dios; y habéis llegado a ser tales que tenéis necesidad de leche, y no de alimento sólido.**
> **Y todo aquel que participa de la leche es inexperto en la palabra de justicia, porque es niño; pero el alimento sólido es para los que han alcanzado madurez, para los que por el uso tienen los sentidos ejercitados en el discernimiento del bien y del mal".**
>
> **Hebreos 5:12-14**

¿Que siente tu cuerpo si pasas un día sin comer? Te sientes mal e incómodo. Así le pasa a tu espíritu cuando en un día no le das su comida, que es la Palabra de Dios.

¡Felicitaciones y bienvenido a la familia de Dios!
Nos dice Pablo que ahora tienes ciudadanía en el cielo.

> **Así que ya no sois extranjeros ni advenedizos, sino conciudadanos de los santos, y miembros de la familia de Dios,**
>
> **Efesios 2:19**

También nos dice Pablo que ahora somos hijos de Dios, a través de su hijo Jesucristo,

> **"Bendito sea el Dios y Padre de nuestro Señor Jesucristo, que nos bendijo con toda bendición espiritual en los lugares celestiales en Cristo, según nos escogió en El antes de la fundación del mundo, para que fuésemos santos y sin mancha delante de El, en amor habiéndonos predestinado para ser adoptados hijos suyos por medio de Jesucristo, según el puro afecto de Su voluntad, para alabanza de la gloria de Su gracia, con la cual nos hizo aceptos en El Amado, en quien tenemos redención por Su sangre, el perdón de pecados según las riquezas de Su gracia, que hizo sobreabundar para con nosotros en toda sabiduría e inteligencia, dándonos a conocer el misterio de Su voluntad, según Su beneplácito, el cual se había propuesto en Sí mismo, de reunir todas las cosas en Cristo, en la dispensación del cumplimiento de los tiempos, así las que están en los cielos, como las que están en la tierra".**
>
> **Efesios 1:3-10**

Algunos de ustedes se preguntarán entonces ¿para qué hacer buenas obras?

1) En gratitud por lo que Dios hizo por nosotros.
2) Porque solamente sabremos si esa confesión en Cristo fue verdadera en tu corazón y no sólo de boca. Por tus frutos lo sabrás; por las obras que hiciste después de recibir a Jesús como tu Salvador.

"Pero sed hacedores de la palabra, y no tan solamente oidores, engañándoos a vosotros mismos. Porque si alguno es oidor de la palabra pero no hacedor de ella, éste es semejante al hombre que considera en un espejo su rostro natural".

Santiago 1:22-23

Y Juan también nos dice en su primera carta:

"El que dice: Yo le conozco, y no guarda sus mandamientos, el tal es mentiroso, y la verdad no está en él; pero el que guarda su palabra, en éste verdaderamente el amor de Dios se ha perfeccionado; por esto sabemos que estamos en El.
El que dice que permanece en El, debe andar como El anduvo".

1 Juan 2:4-6

3) Existe una promesa en la Biblia de recompensa o galardones de acuerdo a tus obras. (No es la vida eterna, pues esa es gratis, ésta es un regalo de Dios a través de nuestro Señor Jesucristo). El apóstol Pablo es claro en que si tu fundamento o base es el Jesucristo Bíblico, aunque no hagas una edificación fuerte, ni una gran obra, todavía serás salvo, sólo que no recibirás muchos premios ni galardones.

"Porque nadie puede poner otro fundamento que el que está puesto, el cual es Jesucristo.

Y si sobre este fundamento alguno edificare oro, plata, piedras preciosas, madera, heno, hojarasca, la obra de cada uno se hará manifiesta; porque el día la declarará, pues por el fuego será revelada; y la obra de cada uno cual sea, el fuego la probará. Si permaneciere la obra de alguno que sobreedificó, recibirá recompensa.
Si la obra de alguno se quemare, él sufrirá pérdida, si bien él mismo será salvo, aunque así como por fuego".

1 Corintios 3:11-15

Cualquier otra pregunta que tengas, la respuesta está en La Biblia, pues Dios no quiere que seas ignorante de Su plan de Salvación y de Su amor por ti.

Es Su promesa que el que busca a Dios lo encontrará, pero la persona tiene que querer con todo su corazón para encontrar al Dios Bíblico. Esto quiere decir que tú tienes que amar a Dios más que a tu religión, más que al judaísmo o más que al catolicismo, más que a la religión musulmana; tienes que amarlo más que a tu país, más que a Israel; tienes que amarlo más que a lo que te enseñaron tus padre y tu familia; tienes que amarlo más que a ti mismo. Cuando esto ocurre y amas a Dios sobre todas las cosas en tu corazón, entonces la promesa es tuya, y lo encontrarás.

"y me buscaréis y me hallaréis, porque me buscaréis de todo vuestro corazón".

Jeremías 29:13

El nos hizo tan libres como para ignorar La Biblia y separarnos de El eternamente, no porque no nos dijo, pues ha mandado 40 profetas, que nos dieran con lujo y detalles Su plan, y a todos los matamos, desterramos o ignoramos... entonces, tan grande fue

Su amor, que no queriendo que ni uno de nosotros se perdiera nos dice a través del apóstol Juan:

> **"Porque de tal manera amó Dios al mundo, que ha dado a su Hijo unigénito, para que todo aquel que en El cree, no se pierda, mas tenga vida eterna. Porque no envió Dios a su Hijo al mundo para condenar al mundo, sino para que el mundo sea salvo por El.**
> **El que en El cree, no es condenado; pero el que no cree, ya ha sido condenado, porque no ha creído en el nombre del unigénito Hijo de Dios".**
>
> **Juan 3:16-18**

Dios pudo habernos hecho como "robots" que no pudiéramos escoger; que ya estuviéramos programados a hacer lo que El quiere, pero, al igual que los "robots" no habría libertad y, por lo tanto, no habría amor, y El está interesado en el amor. Así El nos explica a través de Pablo, en el primer libro a los Corintios:

> **"El amor nunca deja de ser; pero las profecías se acabarán, y cesarán las lenguas, y la ciencia acabarán".**
>
> **1 Corintios 13:8**

El amor nunca dejará de ser aunque todas las otras cosas de este mundo desaparezcan, y nos lo confirma en unos versículos más adelante en la epístola de los Corintios, donde dice:

> **"Y ahora permanecen la fe, la esperanza y el amor, estos tres; pero el mayor de ellos es el amor".**
>
> **1 Corintios 13:13**

#3. Mi Testimonio Espiritual al leer la palabra de Dios: La Biblia y cómo me transformó.

Yo creí equivocadamente, hace algunos años, que darle a mis hijos una educación universitaria en las mejores universidades de EU, era lo más importante que podía hacer por ellos. Aunque yo los llevaba a la iglesia el domingo, y fueron algunos de sus años a colegios católicos, yo pensaba que ésto era suficiente para su crecimiento espiritual.

Cuando yo estudiaba medicina y estaba por mis veinte y tantos años, un compañero de Universidad, Carlos Pérez, me preguntó si yo alguna vez había leído toda la Biblia. Yo no lo había hecho y su pregunta me sorprendió, quiero decir, yo iba a la iglesia los domingos y fui a colegios católicos la mayoría de mis años escolares. En mi último año de enseñanza secundaria, había sido escogida por mis compañeras de clase de graduación, como la que seguramente tomaría los hábitos de monja.

¿Qué quería decir Carlos con que si yo había leído la Biblia completa?

¿No me la leían los sacerdotes todos los domingos cuando yo iba a misa?

En aquel entonces, yo no sabía que los pasajes bíblicos que son leídos todos los domingos en las iglesias católicas romanas del mundo, seguían un ciclo de tres años y después empezaban otra vez los mismos versículos. No cubrían toda la Biblia.

Se les olvidó lo que muy claro nos dijo Papa Dios en la Ley, en el libro de Deuteronomio:

> **"Cuidarás de hacer todo lo que yo te mando; no añadirás a ello, ni de ello quitarás".**
>
> **Deuteronomio 12:32**

Y la iglesia misma, al apartarse de Las Escrituras Sagradas, se confundió y "creyendo" que ayudaban a Dios, añadieron la idolatría a vírgenes, santos y antepasados muertos, pensando que así podían llevar más personas a Dios. Y se engañaron así mismos negando que ésto fuera idolatría o desobediencia a Dios.

Cambiaron el segundo mandamiento, de los 10 básicos de la Ley, que dice en Éxodo:

> **"No te harás imagen, ni ninguna semejanza de lo que esté arriba en el cielo, ni abajo en la tierra, ni en las aguas debajo de la tierra.**
> **No te inclinarás a ellas, ni las honrarás; porque yo soy Jehová tu Dios, fuerte, celoso, que visito la maldad de los padres sobre los hijos hasta la tercera y cuarta generación de los que me aborrecen".**
>
> **Éxodo 20:4-5**

Y el mal cada vez se hizo peor y como Dios nos dice en Su Palabra, si tú lo cambias por la imagen incorrecta de lo que es corruptible, entonces, él te dejará que las pasiones de la carne te consuman y te dejará a tu libre albedrío y a la inmoralidad sexual. En el libro a los Romanos, nos dice:

> **"Pues habiendo conocido a Dios, no le glorificaron como a Dios, ni le dieron gracias, sino que se envanecieron en sus razonamientos, y su necio corazón fue entenebrecido.**
> **Profesando ser sabios, se hicieron necios, y cambiaron la gloria del Dios incorruptible en semejanza de *imagen de hombre corruptible*, de aves, de cuadrúpedos y de reptiles.**
> **Por lo cual también Dios los entregó a la inmundicia, en las concupiscencias de sus corazones, de modo que deshonraron entre sí sus propios cuer-**

pos, ya que cambiaron la verdad de Dios por la mentira, honrando y dando culto a las criaturas antes que al Creador, el cual es bendito por los siglos. Amén".

Romanos 1:21-25

Pero, yo no entendí nada de ésto hasta que a los 40 años de edad decidí estudiar la Biblia completa, éramos sólo El libro y yo, o eso creía. Después entendí que también estaba el Espíritu Santo guiándome de la mano y dándome sabiduría. Dios cumplió su promesa de que quien lo busca lo encuentra. Pero, para obtener esa sabiduría, en tu corazón tiene que ser Dios lo primero, tiene El que ocupar un lugar más grande que el amor por la Iglesia Católica, o el Judaísmo, o Israel o tu país, o la virgen o los santos o el triunfo, o el poder, o tu carrera, o el dinero, o tu familia, o tú mismo... Y entonces claro y transparente como el agua, entiendes Su palabra y desarrollas una relación inquebrantable con Tu creador.

Fue grande mi asombro al encontrar estas escrituras y era todavía más duro, pues estaba embarazada, y por el bien de este tercer bebé que Dios me mandaba tenía que saber la verdad.

Le escribí a los sacerdotes de mi parroquia, "The Holy Family" en Orlando, Florida y a los sacerdotes de mi colegio secundario "Academy of the Assumption" en Miami, Florida; también al Papa Juan Pablo II, al cual había visitado en Roma, hacía unos años, junto con mi esposo e hijos mayores. También al Obispo de Orlando, Florida.

Yo necesitaba entender...

Finalmente me mandaron a hablar con un Jesuita Irlandés llamado "Ho'laham". Al final de nuestra discusión, yo con La Biblia abierta en mis manos, el Jesuita concluyó que el diablo estaba tratando de separarme de la Iglesia Católica Romana, y que habían dos maneras de llegar a Dios; como yo estaba haciendo: en primera clase a través de nuestro Señor Jesucristo, pero que también se podía llegar en tercera clase a través de la virgen y de los santos. A la luz de la Biblia lo anterior es un disparate.

Eso no es lo que dice Su palabra, Jesús dice que sólo podemos llegar al Padre a través de nuestro Señor Jesucristo según el Evangelio de Juan:

> **"Jesús le dijo: Yo soy el camino, y la verdad, y la vida; nadie viene al Padre, sino por mí".**
>
> **Juan 14:6**

Entonces entendí que había llegado la hora de escoger entre lo que nos dice Dios en Su Palabra o lo que dice la iglesia Católica Romana. Su Espíritu Santo me dejó ver claro y siempre escogeré Su Palabra. Con tristeza dejé la iglesia Católica Romana, también con amor, pues, fue ella la primera que me habló de Nuestro Señor Jesucristo. Creía que lo había recibido en mi corazón, como mi Salvador, al hacer mi primera comunión el 13 de junio de 1963 a la edad de 8 años. Experimenté tristeza, pues sabía que la mayoría de mi familia, y amigos, de mi país Venezuela, no habían leído ni entendido la Biblia. Ignoran que están idolatrando a la virgen, a santos y a muertos. Esto sin contar los escándalos de inmoralidad sexual dentro de la Iglesia Católica Romana...

Sin embargo, a esa tierna edad de ocho añitos, era precaria mi Salvación. Mi confianza no era solamente en Jesucristo, quien nunca pecó, pero sí murió en mi lugar, pagando por mis pecados, librándome de condenación eterna en el infierno. Hoy, en cambio, he recibido la eternidad con El. Pensaba que podía ir al cielo a través de Jesús, más mis obras, más ser miembro de la iglesia Católica Romana. Puedo seguir añadiéndole a mi fe en Jesús para salvarme, los rituales religiosos , más la virgen , más todos los santos, etc., etc. Para poder nacer espiritualmente y ser salvo, nuestra confianza, (FE), debe ser solamente en Jesús. Repito, solamente Cristo salva;

no hay que añadirle a nadie más, incluso ni las obras buenas.

El Dr. James Kennedy nos decía en "Evangelismo Explosivo" que imagináramos que estábamos en el mar.

Teníamos fe de que flotábamos y nos salvamos de ahogarnos mientras que tuviéramos un pie en el barco de Jesucristo y el otro pie en el barco de nuestras obras, la religión, etc. Nos podíamos mantener a flote de esa manera, pero con el movimiento de las olas, los dos barcos, donde están nuestros pies, se irían separando y eventualmente, tendríamos que poner los dos pies en un sólo barco. Si lo hacíamos en el barco de nuestras obras de seguro que nos hundimos. Ya la Biblia lo establece: "**No por obras para que nadie se gloríe...Efesios 2:9**".

Fui salva, cuando puse los dos pies en el barco de Jesús solamente, o sea toda mi confianza sólo en Jesús, entonces nací del Espíritu y nadie podrá arrebatarme de Su mano:

> **"Jesús les Contestó: --Os lo he dicho, y no creéis.**
> **Las obras que yo hago en nombre de mi Padre, éstas dan testimonio de Mí.**
> **Pero vosotros no creéis, porque no sois de mis ovejas.**
> **Mis ovejas oyen mi voz, y yo las conozco, y me siguen.**
> **Yo les doy vida eterna, y no perecerán jamás, y nadie las arrebatará de mi mano.**
> **Mi Padre que me las ha dado, es mayor que todos; y nadie las puede arrebatar de las manos del Padre.**
> **Yo y el Padre una cosa somos".**
>
> **Juan 10:25-30**

Y tan bello y fiel, Papa Dios me dio consuelo, me recordó que El siempre está allí para el que se arrepienta y lo busque;

es más, en el libro de Apocalipsis, Jesús le habla a las iglesias Cristianas que existían en el siglo primero después de Cristo y que son prototipo de las iglesias que existirán cuando El vuelva por segunda vez; y hay una en específico que tiene algunas características de la Iglesia Católica Romana: la iglesia de Pérgamo.

> "Y escribe al ángel de la iglesia en Pérgamo: El que tiene la espada aguda de dos filos dice esto:
> Yo conozco tus obras, y dónde moras, donde está el trono de Satanás; pero retienes mi nombre, y no has negado mi fe, ni aun en los días en que Antipas mi testigo fiel fue muerto entre vosotros, donde mora Satanás.
> Pero tengo unas pocas cosas contra ti: que tienes ahí a los que retienen la doctrina de Balaam, que enseñaba a Balac a poner tropiezo ante los hijos de Israel, a comer de cosas sacrificadas a los ídolos, y a cometer fornicación.
> Y también tienes a los que retienen la doctrina de los Nicolaítas, la que yo aborrezco.
> Por tanto, arrepiéntete; pues si no, vendré a ti pronto, y pelearé contra ellos con la espada de mi boca.
>
> El que tiene oído, oiga lo que el Espíritu dice a las iglesias. Al que venciere, daré a comer del maná escondido, y le daré una piedrecilla blanca, y en la piedrecilla escrito un nombre nuevo, el cual ninguno conoce sino aquel que lo recibe".
>
> Apocalipsis 2:12-17

La Iglesia de Pérgamo, mantiene su fe en Jesucristo como nuestro Salvador, pero tolera la idolatría de Balaam y la inmoralidad sexual de los Nicolaítas (pedofilia, homosexualidad, fornicación). La iglesia Católica Romana mantiene su fe en Jesucristo, pero permite la idolatría a la virgen y santos y también mira hacia el otro lado cuando ciertos miembros sacerdotales sucumben a las pasiones de la carne. Finalmente salió a la luz en la década de los 1990s en USA, los reportes de los abusos sexuales de algunos sacerdotes con niños, hombres con hombres y mujeres. Y la iglesia en Roma simplemente callaba. Sólo movía a estos sacerdotes de parroquia en parroquia en vez de traerlos a la justicia para parar este horrible abuso sexual infantil. Hoy, en el 2007, han tenido que enfrentar la verdad y pagar caro por su actitud.

Mas nuestro Señor les ofrece el perdón si se arrepienten y esto quiere decir, no volver a hacerlo; dar una vuelta hacia atrás, de 180 grados. Su promesa, además del perdón, es que les dará un nombre nuevo en su reino. ¡Qué misericordioso y fiel es nuestro Dios! Esta escritura me dio consuelo y esperanza... ¡escúchenlo hermanos Católicos Romanos! Estudien La Biblia y pongan su Fe en Dios, no en los hombres... tampoco en los ídolos.

"Mejor es confiar en Jehová que confiar en el hombre".

Salmo 118:8

Yo era una fiel "sirvienta" del rosario, lo rezaba a diario (por algunas temporadas) y todo lo que necesitaba se lo pedía a la virgen María. Por supuesto, lo que había pasado era que mi relación espiritual se había desarrollado entre la virgen y yo, pero muy distante entre Dios y yo. Y al estudiar Su Palabra, comprendí que la virgen María fue la mujer más santa que existió y, por lo tanto, ella nunca desobedeció a Dios. Hasta su vida puso en peligro al consentir salir embarazada fuera del matrimonio, que en aquel entonces, podía significar su muerte. (Cultural y religiosamente era castigable).

La virgen María nunca le rezó a nadie que no fuera a Dios, ella pudo haberle rezado a Moisés, o a David, o a Sara, o a Ester, así como los católicos le rezan a los santos, mas no hay evidencia Bíblica de que ella lo hizo.

Siento en mi corazón que cada vez que nosotros le rezamos a la virgen ella rechaza estos rezos, al ver nuestra desobediencia a Dios de honrar espiritualmente a cualquier cosa que no sea El. Un buen ejemplo de este caso aparece en Apocalipsis:

> **"Yo Juan soy el que oyó y vio estas cosas. Y después que las hube oído y visto, me postré para adorar a los pies del ángel que me mostraba estas cosas.**
> **Pero él me dijo: Mira, no lo hagas: porque yo soy consiervo tuyo, de tus hermanos los profetas, y de los que guardan las palabras de este libro. ADORA SOLO A DIOS".**
>
> **Apocalipsis 22:8-9.**

Usted habrá oído decir, que cuando vino la virgen María, como era la más santa, todo cambió, y ahora sí se le puede rezar a ella. Sin embargo, esto no es lo que dice la Biblia. Nuestro Señor Jesucristo tuvo oportunidad de instituir la veneración y oración hacia la virgen María y nunca lo hizo, pues sabía que esto contradecía los diez mandamientos dados por Dios.

> **"Mientras él aún hablaba a la gente, he aquí su madre y sus hermanos estaban afuera, y le querían hablar.**

Y le dijo uno: He aquí tu madre y tus hermanos están afuera, y te quieren hablar.
Respondiendo El al que le decía ésto, dijo: ¿Quién es mi madre, y quiénes son mis hermanos?
Y extendiendo su mano hacia sus discípulos, dijo:
He aquí mi madre y mis hermanos.
Porque todo aquel que hace la voluntad de mi Padre que está en los cielos, ése es mi hermano, y hermana, y madre".

Mateo 12:46-50

En vez de nuestro Señor Jesucristo decir: "récenle a mi madre" nos dice que su madre es todo aquel que obedece los mandamientos de Dios. Además, les recuerdo que el segundo mandamiento prohíbe honrar e inclinarse espiritualmente ante otro que no sea Dios y aun más, lo prohibe en Levítico:

"No haréis para vosotros ídolos, ni escultura, ni os levantaréis estatua, ni pondréis en vuestra tierra piedra pintada para *inclinaros a ella*; porque yo soy Jehová vuestro Dios".

Levítico 26:1

Pero... ¿qué es un ídolo?

Es aquello en lo que ponemos nuestra Fe y nuestra confianza. La historia nos dice que en los tiempos antiguos cuando una persona hacía un ídolo cumplía por lo menos 4 condiciones:

1) Primero le hacían una estatua al ídolo.
2) Después le quemaban incienso y le prendían velas.
3) Le ofrecían sacrificios.
4) Le rezaban, pidiéndoles que les concediera algún favor.

La iglesia Católica Romana hace:

1) Una estatua de la virgen o el santo de predilección.
2) Le ponen velas en la iglesia para que los feligreses las prendan.
3) Le ofrecen sacrificios diciendo: "Voy a ir de rodillas hasta el altar; voy a hacer peregrinación a la Virgen del Fátima, o a la de Lourdes, etc."
4) Le rezan rosarios a la virgen, diez avemarías por cada Padre Nuestro, y le piden favores: "por favor cúrame de esta enfermedad, etc., etc."

Dígame usted ¿cuál es la diferencia entre los ídolos comunes y los ídolos de la iglesia Católica Romana?

Y usted puede seguir diciendo: "¡Pero es que la virgen me hizo el milagro, o San Gregorio Hernández me curó el cáncer", o me dirías también:

"Tiene que ser verdad que te dan lo que les pides, pues me lo cumplió a mí, o que la virgen de Fátima se me apareció o que la virgen del Carmen también..."

Y entonces, yo les diré que las Sagradas Escrituras nos advierte que Dios les permitirá a los "demonios" hacer milagros.

> **"Porque se levantarán falsos Cristos, y falsos profetas, y harán *grandes señales y prodigios,* de tal manera que engañarán, si fuere posible, aun a los escogidos".**
>
> **Mateo 24:24**

Y también nos dice Pablo en la segunda carta a los Tesalonicenses:

> **"Inicuo cuyo advenimiento es por obra de Satanás, con gran *poder y señales y prodigios mentirosos, y con todo engaño de iniquidad para los* que**

se pierden, por cuanto no recibieron el amor de la verdad para ser salvos".

2 Tesalonicenses 2:9-10

Y también en Apocalipsis:

"Pues son espíritus de demonios, *que hacen señales,* y van a los reyes de la tierra en todo el mundo, para reunirlos a la batalla de aquel gran día del Dios Todopoderoso".

Apocalipsis 16:14

Y usted dirá como yo dije, "pero, es que yo no puedo creer que la virgen se preste para ese jueguito" ...¿que los santos nos engañen así?

Y usted tiene razón, pero, entienda que no es la virgen la que se aparece, ni los santos. Es Satanás que toma la forma de la virgen o los santos en sus apariciones. La Palabra de Dios es clara en que se le permitirá a Satanás hacerse pasar por un angel de luz en segunda de Corintios:

"Y no es maravilla, porque el mismo Satanás se disfraza como ángel de luz".

2 Corintios 11:14

Y más adelante se dirá, "pero no puede ser Satanás porque algo bueno sucedió" - . - "¡ mi hijo se curó de su enfermedad!"

Y yo le diré que aunque su hijo se curó, Satanás consiguió su mayor propósito que era separarlo a usted de Dios. Pues usted desobedeció a Dios y ahora usted hace idolatría con la virgen o ese otro santo y es con ellos que usted desarrolla una relación, no con Dios.

Entonces Satanás triunfó, y a él le conviene hacerle el milagro si consigue separarlo de Dios.

"Vuestras iniquidades son las que hacen separación entre vosotros y vuestro Dios. Vuestros pecados han hecho que su rostro se oculte de vosotros para no escuchar".

Isaías 59:2

Como le dije antes, es mi opinión, que al igual que el ángel rechazó la veneración de Juan en Apocalipsis; la virgen rechaza sus oraciones y sacrificios; pues es contrario a lo que nos manda a hacer Dios. El mismo rechazo ocurre con los otros santos; todo por su desobediencia a nuestro Creador. Quien sí recibe todas sus ofrendas es el maligno ...

#4. Mi Peregrinaje sigue en la Palabra de Dios.

Aunque no fue hasta los cuarenta años que la estudié por completo la primera vez, (traté a los treinta de leerla de Génesis a Apocalipsis) pero, estaba muy ocupada y no entendí mucho. El remolino de la vida me llevaba; ocupada en prepararme en la carrera de la medicina, en criar a mis hijos, en establecer nuestra práctica médica, en recorrer el mundo... no hubo tiempo hasta los cuarenta "junios" y, desde entonces, el Espíritu Santo me abrazó y no me ha soltado hasta ahora...

En el año 1995 encontré la clase de Medicina Preventiva, entretejida en los primeros cinco libros de la Biblia: Génesis, Éxodo, Números, Levítico y Deuteronomio. Y entendí que mientras más lees la Biblia, más conocimiento encuentras en ella. La segunda vez que la estudié completa la entendí todavía mejor y descubrí los diferentes estratos que existen en ella, en cualquier campo universitario que usted estudie. Comprendí por qué el Doctor Isaac Newton, estudió la Biblia todos los días de su vida hasta morir. Entendí por qué Isaac se molestaba cuando alguien lo interrumpía en sus estudios bíblicos, para hacer alguna pregunta de Física. Les contestaba que tenía cosas más importantes que hacer como estudiar la Biblia. Isaac Newton escribió más de un millón de palabras en comentarios Bíblicos, sin embargo, usted probablemente lo conoce solamente como el padre de la Física.1,2,3 Ningún honor se le dio por sus estudios bíblicos, el mundo trató de ocultar esta faceta del genial científico, pero usted puede ir a la Universidad de Cambridge, en Inglaterra y leer acerca de sus notas bíblicas.

Yo continué con mis estudios de la Palabra de Dios y oí de una citación del famoso Presidente de Los Estados Unidos, Theodore Roosevelt:[5]

"Un conocimiento profundo en la Biblia es mejor que una educación universitaria". Mi corazón se rompió, me sentí que le había fallado a mis hijos mayores, pues sabíamos que ellos no conocían la Biblia completa. Nosotros les habíamos provisto la mejor educación en lenguas, ciencias, matemáticas, literatura, arte, física, química, biología y más. Gabriel, nuestro hijo mayor, se graduó de Ingeniero civil en la universidad de la Florida y este año terminó su grado de maestría de Ingeniero en Oceanografía y Costa, de la misma universidad. Nuestra hija Melisa se graduó de Lenguas con énfasis en Chino y Francés de La Universidad de La Florida y se encuentra actualmente estudiando Leyes, en la Universidad de Georgetown, Washington, DC, donde piensa también hacer Leyes Internacionales. Sin embargo, no le dimos una educación en el estudio completo de la Biblia, que es más importante.

Nuestro Señor que todo lo provee, y para El nunca es tarde, nos permitió enseñarles, aunque sean ya jóvenes adultos, lo vital que es este conocimiento y ambos sirven a Dios, estudiando toda Su Palabra y practicándola en sus vidas. Nuestra niña más chiquita Katerina, asiste al sexto grado elemental en un colegio Cristiano donde el estudio de la Biblia es a diario, igual que el de matemáticas, ciencias, sociología, inglés, artes, educación física, etc.

Mas ... ¿qué de la mayoría de los americanos, o de los venezolanos, o Latino Americanos, y si a eso vamos, de la mayoría de los estudiantes de los colegios públicos del mundo?

Epílogo

En la primera parte de este libro sólo discutimos cinco de los 66 libros encontrados en la Biblia, y el punto de vista en el que hice énfasis fue en la medicina.

Mas, que dicen los otros 61?

¿Y qué del punto de vista del historiador, arquitecto, poeta, escritor, ingeniero, maestro, del científico en física, biólogo, guía espiritual, sociólogo, economista, artista, abogado en leyes, gobernante, militar, soldado, especialista en comunicaciones, miembro familiar, y ser humano?

La Biblia toca todas las profesiones y condiciones sociales. Nuestro Creador tiene instrucciones en Su Palabra para cada una de ellas.

¿Ha leído alguna vez completamente los 66 libros que forman El compendio del Libro mejor escrito en la historia de la humanidad?

¿El Primer libro en el mundo llevado a la imprenta?

¿El libro que ha sido traducido al mayor número de idiomas en el mundo?

¿El libro del que más copias se ha impreso en la historia?

En el siglo XXI, encontramos que nuestras mentes están alta y sofisticadamente educadas en lo físico. Toda esta educación confirma y nos guía en cómo cuidar nuestros cuerpos para que nos duren el mayor tiempo posible. Aunque la esencia de esta información ha estado con nosotros por miles de años, hemos ignorado una parte u otra, hasta que la ciencia con mucha dificultad, y a un alto costo, lo ha redescubierto para nosotros en el siglo XX. Como la ciencia lo ha redescubierto, entonces, algunos tratan de hacerlo.

El ser humano está formado por tres partes: el cuerpo, la mente y el espíritu. Nuestro Creador nos lo dice a través del Apóstol Pablo en el Libro 1 Tesalonicenses:

> **"Y el mismo Dios de paz os santifique por completo; y todo vuestro ser, espíritu, alma y cuerpo, sea guardado irreprensible para la venida de nuestro Señor Jesucristo".**
>
> **1 Tesalonicenses 5:23**

Sin embargo, el mundo educa a nuestros hijos en lo físico, en el cuerpo, y algunas veces, en la mente o sea el alma, mas ignora el espíritu. Tratamos de guiarlos para que alcancen metas altas en educación en las mejores universidades que existen, sabiendo que de esa manera podrán tener una mejor oportunidad de triunfar en esta vida, que es tan corta, como un abrir y cerrar de ojos, sin embargo, no le dedicamos una pizca de la atención al desarrollo del espíritu, que es el que va a existir para siempre...

En Estados Unidos de América, donde la Biblia se enseñaba en los colegios públicos hasta los años 1950s, se distorsionó el principio constitucional de separación de gobierno e iglesia y quitaron los estudios bíblicos de los colegios públicos, privando así a los americanos del manantial de información más completo que se ha escrito en la humanidad. Esta Biblia les proveía educación sobre lo físico, la mente y el espíritu. Un pequeño grupo de personas, pero muy activos, actuaron y demandaron que se prohibiera la Biblia en los colegios. La mayoría se quedó dormida y no actuó y sin darse cuenta, le quitaron al pueblo americano la alfombra de debajo de sus pies...

Ese pequeño grupo tomó ventaja del amor ferviente que tiene el americano por la libertad, la que nuestro Dios nos proveyó cuando nos creó, y a través de un velo, le quitaron hasta el derecho de orar abiertamente y en alta voz en los colegios públicos de Estados Unidos. La falta de visión hacia el futuro fue en detrimento para las generaciones del siglo veinte. Esto ha robado a nuestros hijos poder estudiar en el colegio el principal libro que se haya escrito en nuestra sociedad. No hay otro libro que se le avecine en su género. La Biblia es un libro que no sólo enseña acerca de la espiritualidad, pero también acerca de medicina, ingeniería, economía, biología, arte, comunicación, literatura, arquitectura, sociología, leyes, gobierno, historia... y hasta simplemente acerca de cómo es un ser humano...

Donde no existe una enseñanza Bíblica, no hay ese apoyo que necesitamos durante esos años de la pubertad, que no sabemos quiénes somos y estamos tratando de encontrarnos a nosotros mismos. Es más, tampoco tratan de encontrarlo fuera del colegio, pues si los estudios bíblicos fueran importantes, entonces los gobiernos tratarían de proveerlos para la masa de estudiantes que atiende los colegios públicos. Los estudiantes se imaginan que debe de haber "algo malo" en tratar de obtener este conocimiento bíblico. Ni si quiera lo ofrecen como electiva... En realidad no entienden que se están perdiendo la oportunidad más grande de su vida de obtener conocimiento, y el "Saber es Poder".

Los 66 libros de la Biblia fueron inspirados por una sola entidad: Dios. Deben ser enseñados como una sola Obra Maestra. Nos dice el Apóstol Pablo en su segunda carta a Timoteo:

> **"Toda la Escritura es inspirada por Dios, y útil para enseñar, para redargüir, para corregir, para instruir en justicia, a fin de que el hombre de Dios sea perfecto, enteramente preparado para toda buena obra".**
>
> **2 Timoteo 3:16-17**

Pero, ¿qué pasó?

En Estados Unidos de América, una nación que fue fundada bajo el nombre de Dios y libertad para todos, hay un conflicto en los colegios públicos entre libertad de expresión y La Palabra de Dios, que es la Biblia. Algunos distorsionaron la palabra libertad a libertinaje y le robaron el derecho a todos los americanos de aprender libremente La Palabra de Dios en los colegios públicos de América. Al confundir la libertad con el libertinaje hicieron a la libertad esclava del pecado. Discriminaron en contra de la Biblia, cuando prohiben enseñar la Biblia en los colegios del gobierno, fallan en honrar la primera enmienda de la Constitución Americana que nos da libertad de expresión.

> **Enmienda I**
> **"El congreso no hará ley alguna con respecto al establecimiento de Religión, o prohibir la práctica de ella o interferir con la libertad de expresión, o de prensa; o el derecho de las personas de reunirse en asamblea pacíficamente y pedir al gobierno por retribución por lo que se les haya agraviado".[4]**

Es precisamente en estos años tempranos en la vida del ser humano que los impresos son establecidos en nuestro cerebro, esos impresos que van a determinar en muchas maneras qué clase de personas vamos a ser. Fue un golpe mortal que se les dio a los ciudadanos de Estados Unidos, cuando alguno de sus líderes decidieron prohibir la enseñanza de la Biblia en los colegios públicos del gobierno, en base a la separación de religión y gobierno. Ofrecer estudios bíblicos como "electiva" no obstruye esa separación, es más, el no ofrecerlos es lo que va en contra de la constitución americana. Es en estos colegios públicos donde los niños americanos pasan la mayor parte de su vida. Y es aquí donde se les ha negado de la oportunidad de recibir una educación bíblica, estudiando el mejor libro que se haya escrito en la historia de la humanidad. Un libro que los expondrá a principios de salud, economía, historia, literatura, ciencia, gobierno, ciudadanía, espiritualidad, etc.

Los Fundadores de esta gran nación, se revolcarían en sus tumbas si ellos pudieran ver el daño que le hemos hecho a nuestro hijos después de los años 1960 al privarlos de una educación bíblica en los colegios americanos.

Sobre todo el presidente Theodore Roosevelt, quien también dijo:

> **"Casi todos los hombres que por su trabajo en esta vida han añadido a la suma de los grandes logros de la humanidad... han basado el logro de su vida en las enseñanzas de La Biblia"[76].**

¿Sabía usted que La China, nombró una comisión para que averigüaran en qué se basaba la supremacía de los Estados Unidos de América sobre todos los otros países del mundo? Y la respuesta que encontraron fue sorprendente, no era por las armas, ni por sus riquezas. La Comisión China concluyó que la grandeza de este país se debía a su "Fundación" en los principios Cristianos de La Biblia.

Pero, hace unas décadas prohibieron la Biblia de los colegios, después sacamos los Diez Mandamientos de una corte del gobierno en Alabama y ahora también quieren quitar que se diga la alianza a la bandera americana porque dice "Bajo Dios" y quieren quitar a Dios de todo lo que pertenezca al gobierno que sea relativo a Dios, y ustedes serán mis testigos, de que si no cambiamos pronto, Estados Unidos se vendrá abajo como cualquier otro Imperio en la historia de la humanidad. Sin embargo, los chinos están atentos y en observación. En este momento existen 80 millones de Chinos Cristianos que estudian La Biblia a diario. Este es un número 3 veces más grande que todos los ciudadanos de Venezuela juntos.

Y en su país, ¿Qué está usted haciendo para darle el regalo más grande a sus conciudadanos? El estudio bíblico diario accesible en los colegios del gobierno, que son generalmente el de los pobres, sería una magnífica opción.

La primera vez que usted lea el libro completo de la Biblia, es comparable a mirar al cielo durante el día, primero llegar a ver ese amanecer formidable con un toque de violeta, azul, verde, anaranjado, amarillo, rosado y rojo, adornando la cúpula del planeta tierra. Si por alguna casualidad se encuentra volando en un avión, a la altitud correcta y en el lugar indicado, usted verá todo este despliegue de colores como una correa en el horizonte envolviendo la tierra completa. A medida que pasa el día, usted verá nubes en todas las formas habidas y por haber, diferentes tonos de blanco y gris, y si tienes suerte ese día verás un aguacero caer. Y la aparición de un arco iris indescriptible alentando a los habitantes de este planeta. Vemos su formación de colores a medida que los rayos del sol se filtran a través de las gotas minúsculas suspendidas en las nubes, en el medio del cielo. Eventualmente, llega el anochecer y puedes observar los mismos colores que viste al amanecer, pero esta vez en orden inverso, y aparecerán en el punto en que la tierra o el mar se unen al cielo; el horizonte.

La segunda vez que usted lea la Biblia completa es como ver al cielo de noche, desde una ciudad como Orlando, Florida. Empieza observando la primera estrella de la noche, brillando como un diamante en el espacio oscuro. A medida que entra la noche va apareciendo un lucero y después otro y después docenas de lucecitas a la vez. La luna llena puede aparecer resplandeciendo con majestad como una perla iluminando la oscuridad y retando tu imaginación.

Si eres favorecido, podrás observar la esporádica estrella fugaz. Y en algunas noches tormentosas sentirás el aullido de los vientos y la luz del rayo y trueno que corta la tenebrosidad.

La tercera vez que leas la Biblia completa es como ver el cielo de noche desde la cumbre de una montaña como el Paso de Sani, el techo del Africa, sin luces eléctricas que opacan el resplandor de la corte maestral, del cortejo de las estrellas reales. Podrás ver billones de estrellas que no podías ver con anterioridad. Tu vista se perderá en las nebulosas que ahora puedes ver simplemente con el ojo y sin necesidad de telescopios celestiales, esas cobijas de nubes de estrellas que se enrollan en sí mismas formando espirales similares a la concha de un caracol. O simplemente puedes distraerte estudiando las diferentes configuraciones que las estrellas forman en las noches de claridad.

A medida que lees la Biblia una y otra vez más, encuentras cosas que no te habías dado cuenta que estaban allí la primera vez. Lo mismo que la primera vez que vistes al cielo de día, no podías imaginar las nebulosas de estrellas que están allí, pero de día no se pueden ver, ni de noche, si estás en una ciudad alumbrada de luz artificial como Orlando, Florida.

Igual que al cielo de la noche, puedes pasar una eternidad estudiándolo con telescopios, o montado en una nave espacial como el "Challenger," o a bordo de la estación espacial "Skylab" y jamás podrás conquistar sus secretos totalmente. Así mismo puedes pasar toda tu vida estudiando La Biblia y siempre algo nuevo te revelará. Mientras más leas la Biblia más conocerás a nuestro Creador Dios, nuestro universo, nuestra medicina, nuestra historia, nuestra literatura, nuestra ciencia, nuestro arte, nuestro trabajo social, nuestras leyes, nuestra arquitectura, nuestro mundo de entretenimiento, nuestras construcciones en ingeniería, nuestros maestros, nuestro gobierno, nuestros líderes y a nosotros mismos.

Podrás pasar una vida entera estudiando La Palabra y encontrarás algo nuevo cada vez, por el resto de tu vida, igual que si sigues pacientemente mirando al firmamento serás recompensado con una lluvia de meteoritos alumbrando intermitentemente la noche. Probablemente llegarás a entender la Sabiduría, sin precio, que contiene La Biblia, igual que muchos otros lo hicieron como Newton, Roosevelt, y yo misma...

Debemos encontrar una manera de poder ofrecer estudios Bíblicos en los colegios públicos del mundo, que es donde nuestros hijos pasan la mayor parte de sus vidas. Debemos darles esa oportunidad de apropiarse del conocimiento que La Biblia contiene. Solamente si son expuestos a sus enseñanzas pueden ellos escoger libremente si quieren seguirla o no. Es un "crimen" no ofrecerles acceso a ese alumbramiento de sabiduría a la población que se está formando en el mundo y que serán los líderes en el futuro.

Que Dios les estimule a oír mi oración, que al leer este libro, aquellos hombres y mujeres que están encargados de la educación y las leyes, amen a la humanidad lo suficiente para luchar por abrir las puertas a todos los estudiantes del mundo a tener acceso a esta educación que no tiene fin, "La Biblia".

> **"Instruye al niño en su camino, Y aun cuando fuere viejo no se apartará de él".**
>
> **Proverbios 22:6**

Referencias

Comentarios Bíblicos se basan en las Biblias:

1. The Living Torah, by Rabbi Aryech Kaplan. Maznaim Publishing Corporation, Brooklyn, New York, 1981

2. The Nelson Study Bible, New King James Version, by Earls Radmacher, General Editor and Ronald B. Allen, Ph.D, Old testament Editor and H. Wayne House, Ph.D. J.D., New Testament Editor: Thomas Nelson Publishers, Nashville, 1997

3. The New Jerusalem Bible, by John Deehan, M.A., S.T.B.,L. S.S., censor, Nihil Obstat and Cardinal George Basil Hume, O.S.B., Archbishop of Westminster, Imprimatur: Doubleday Publisher, New York, New York, 1985

4. Holy Bible, From the Ancient Eastern Text, PESHITTA, by

George M. Lamsa's Translation from the Aramaic of the Peshitta: A. J. Holman Company publisher, 1968

5. Santa Biblia, Antigua Versión de Casiodoro De Reina (1569). Revisada por Cipriano De Valera (1602). Otras Revisiones: 1862, 1909 y 1960. Y cotejada posteriormente con diversas traducciones y con los textos Hebreos y Griego. Revisión de 1960. Publicado por Colman Bible Publishers, Nashville, TN 37234

Comentarios de fisiología médica humana son basados en:

Textbook of Medical Physiology, Tenth Edition, by Guyton and Hall: W.B. Saunders Company, Philadelphia, Pennsylvania, 2,000

Comentarios de estadísticas son basados en:

The World Health Organization, World Health Report, 1999

Prólogo

1. Leading Causes of Mortality throughout the World, The World Health Organization: The World Health Report, 1999

2. Secrets Of The Dead Sea Scrolls, by Dr. Randall Price: Harvest House Publisher, Eugene, Oregon, 1996

Capítulo

1

1. Leading Causes of Mortality throughout the World, The World Health Organization: The World Health Report, 1999

2. http://www.americanheart.org

3. http://almaz.com/nobel/medicine/1985a.html for their discoveries concerning the regulation of cholesterol metabolism, by Drs. Michael S. Brown and Joseph L. Goldstein from the University of Texas Health Science Center in Dallas Texas: Noble Prize award in medicine 1985, Karolinska Institute in Stockholm,

4. "An Animal Model to study Local Oxidation of LDL and Its Biological Effects in the Arterial Wall". Arterioesclerosis, Thrombosis, and Vascular Biology. 1998:18:884-893

5. "Dietary Fat Intake and the Risk of Coronary Heart Disease in Women", by Dr. Frank Hu at Harvard School of Public Health:

The New England Journal of Medicine, Volume 337:1491, November 20, 1997, Number 21

6. "Sea Food Nutrition chart" by the Delaware Sea Grant, University of Delaware. http://www.ocean.udel.edu/mas/seafood/nutritioninfo.html

7. "Grape Juice, but not orange juice or grapefruit inhibits human platelet aggregation" by Dr. Jon G. Keevel, University of Wisconsin: Journal of Nutrition 2000;130:53-56

8. Purple grape juice better anticoagulant than aspirin?" By Dr. John Folts, Director of the Coronary Thrombosis Research Laboratory University of Wisconsin, Medical School: American Cardiology's 47th Scientific Session, Atlanta Georgia, March 30,1998

9. "Three glasses of grape but not orange or grapefruit inhibit ex vivo platelet aggregation in human volunteers" by Folts JD. {Abstract 767-3} Journal American College of Cardiology 1997; 226A

10. "From Purple Grapes to Red Wine". Georgetown University Medical center: Health alliance Healthy Living Articles. http://www.health-alliance.com/ contentarchive/February01/heart.html

11. "The Epidemiology of Alcohol and Cardiovascular Disease" By Arthur L. Klatsky, MD: The Permanent Journal.

12. "Natural Relaxants" by Patrick Holford & Dr. Hyla Cass Associate Professor of Psychiatry at the UCLA School of Medicine in California. http://www. patrickholford.com/members/feautures/natrelax.asp

13. "Medical treatments of Alcohol Dependence" by Dr Joseph Volpicelli: University of Pennsylvania Health system, 11/30/95 http://www.uphs.upenn. edu/~recovery/pros/naltalk.html

14. "Effects of alcohol consumption on systemic markers of inflammation" by A. Imhof MD, M Froehlich MD and Prof W Koening MD of The Department of Internal Medicine II_ Cardiology, University of Ulm Medical Center, Ulm.; Prof. H. Brenner MD of the Department of Epidemiology, German Center for Research on Ageing, Heidelberg, and Department of Epidemiology, University of Ulm; H B Boeing PhD of The Department of Epidemiology, German Institute for Human Nutrition, Postdam-Rehbruecke, Germany; Prof M B Pepys FRS of The Department of Medicine, Royal Free and University College Medical School, London, UK

15. "The Oldest People in the world" by Dr. Alexander Leaf, National Geographic Magazine, January 1973.

16. Salt, Blood pressure, and Human Health by Dr. Michael H. Alderman, Albert Einstein College of Medicine , Bronx, NY. Journal of Hypertension 36:890-893.

17. "Don't pass the Salt" by Glenn Rothfeld, MD, Spectrum Medical Arts. http://www2.primushost.com/~spectrum/salt.html

18. "Dairy-Rich Diet Linked to Lower Heart Disease Risk" by Mark Pereia, PhD, Cardia Study, Harvard Medical School Research; March, 2001.

19. "How fat influences Insulin" by Researchers at Beth Israel Deaconess Medical Center in Boston, Massachusetts, Nature on the February 8th issue 2001.

20. "Nutritional value of honey, literature review" by Dr. Susan Percival, Professor of Nutrition at the University of Florida; 1997.

21. "Antioxidant Properties of Honey". By May Berenbaum, Entomology department of the University of Illinois, by Jane Ralff, reporter: September 12, 1998.

22. "Natural Secrets from Around the World", by Dr. Gleen Geelhoed.

23. "Karoshi-Death from overwork" by the Sixth Draft for International Journal of Health Services"; February 4, 1997.

24. "Vacations May Improve Your Health" by Dr Brooks B. Gump of the department of Psychology at the State University of New York at Oswego and Karen A. Matthews, PhD of the Department of Psychiatry at the University of Pittsburgh. Journal of Psychosomatic Medicine: September/October, 2000.

25. "Social isolation is a significant risk factor for heart disease" by Dr. George Kaplan, University of California Medical School; 1993.

26. "Loneliness rank as great a risk for heart disease as high cholesterol levels" by Dr.Redford Williams, Director of Duke's Behavioral Medicine Research Center, Durham, North Carolina

27. "Rescuing the Depressed Heart", reported by Richard Merrit, MCNO, Duke University Research Magazine;1997-1998.

28. "Social isolation is a significant risk factor for heart disease" by Dr. George Kaplan, University of California Medical School; 1993.

29. "Anger, increased cardiovascular risk and homocysteine". Ohio State University. Journal of Life Sciences 2000:77:2267-2275.

30. "Friends, Lovers, Relaxation, and Immunity. How Behavior Modifies Health- Control and the Language of Love: Text Analysis of Newlyweds Relationship Stories." By Janice K. Kiecolt-Glaser, Ph.D., Ohio State University, College of Medicine, Session 1121; Friday August 4, 2001; Washington convention Center. APA News Release, 8/2001

31. "Forgiveness" by Dr. Charlotte Van Oyen Witvliet. Hope College, Holland, Michigan, USA. www.hope.edu/pr/hopeholland/two.html

32. "Love and Survival, the Scientific Basis for the Healing Power of Intimacy". By Dr. Dean Ornish;1998.

33. "Prayer and Healing" by Dr. Randolph Byrd, San Francisco General Hospital, Coronary Care 1998.

34. "Prayer and Healing", by Dr. Herbert Benson, Cardiologist from Harvard University, Director of the Mind/Body medical Institute at Boston's Beth Israel Deaconess and Associate Professor of Harvard Medical School.

35. "Distant Prayer and Healing" by dr. Krucoff, Director of cardiovascular Intervention Clinical Trials at Duke University, North Carolina; 1996

36. "The Benefits of Daily Physical Activity" by the American Heart Association. www.americanheart.org

37. "Alcohol Consumption and Mortality among Women". he New England Journal of Medicine; Volume 332:1250; May 11, 1995; Number 19.

Capítulo

2

1. "Leading Causes of Mortality throughout the World', by The World Health Organization. The World Health Report, 1999.
2. "Study traces HIV Origin" by researcher Tanmoy Bhattachary. HIV Times of the Oregon Department of Education Student Services; January/February 2001.
3. "HIV and Its Transmission" by CDC, Divisions of HIV/AIDS Prevention. www.cdc.org
4. "HIV" by Dr David Satcher, USA Surgeon General; WONCA 16th World Congress of Family Doctors; Durban, South Africa; May 13-17, 2001

Capítulo 3

1. "Leading Causes of Mortality throughout the World," by The World Health Organization. The World Health Report, 1999.

2. "The Importance of Nutrition In Cancer Prevention" by The American Cancer Society, Prevention and Early Detection. www.cancer.org

3. "Food nutrition and the Prevention of Cancer". A global Perspective by the American Institute of Cancer research and The world Cancer Research, Review of 4,500 Scientific studies, 1977. 182

4. "Free Radical Pathology: A Unified Cause of Chronic Illness" by Stephen B. Edelson, MD., F.A.A.F.P., F.A.A.E.M; The Edelson Center for Environmental & Preventive Medicine. http://www.ephca.com/frp-ucci.htm

5. "Commentary: A Major National Program Is Needed To Solve The Mysteries of Aging" by Dr. Denham Harman M.D. and Ph.D in chemistry, executive director of the American Aging Association, headquartered at the University of Nebraska College of Medicine in Omaha. The Scientist 4[6]:18, March 19,1990

6. "The Effect of Vitamin E and Beta Carotene on the Incidence of Lung Cancer and Other Cancers in Male Smokers" By Drs Olli P Heinomen and Demetrius Albanes of the Alpha-Tocopherol, Beta Carotene Cancer Prevention Study Group. The New England Journal Of Medicine; Volume 330:1029-1035; April 14, 1994; Number 15.

7. "What are you waiting for? More proof that exercise is good for you." American Cancer Society Newsroom. Freiburg University Medical Center, Freiburg, Germany. Cancer journal; May 1, 1997

8. "Alcohol/Cancer Link is Solid" by The American Institute for Cancer Research Newsletter 63, Spring 1999. 9. "In Favor of Circumcision" by Dr. Brian Morris, University of New South Wales Press, 1999.

10. "Blood Clotting Reveals Intelligent Design" by Kelly Hollowell,J. D., Ph.D. Science Ministries Incorporated.

11. "Circumcision Debated in Control of AIDS by Dr. David Brown at the 13th International AIDS Conference in Durban, South Africa, 2000." reported by the Washington Post; 7/11/00.

Capítulo 4

1. "Leading Causes of Mortality throughout the World," by The World Health Organization. WHO. The World Health Report, 1999.

2. "Guideline Prevention for Diarrheal diseases" by The Center for Disease Control. CDC. www.cdc.org

3. "Harrison's Principle of Internal Medicine", Eighth Edition, McGraw-Hill Book Company A Blakiston Publication; 1977

Epílogo

1. "Essays and sketches in Biography" Newton the Man by John Maynard Keynes;Meridian Books, 1956.

2. "The Life of Isaac Newton", Cambridge University Press, 1993

3. "Never at Rest: A Biography of Isaac Newton" Cambridge University 1980.

4. "First Amendment of the United State Constitution." Cornell University, Law School http://www.law.cornell.edu/constitution/constitution.billofrights. html#amendmenti

5. "The Bible – Quotes from Famous Men" Theodore Roosevelt, 26th President of the United State of America, 1858-1919. http://www.why_the_bible.com/bible. html

6. "Quotes and Quotable, by Pastor David L. Brown, Th.M. http://www. logosresourcespages.org/quotes.html

Apéndice A

¿Por qué no puedo entender la Biblia al leerla?

Debemos leer La Biblia como si fuéramos un niño leyendo un periódico. Así podremos entender lo que está diciendo Su autor, Dios. O sea de la manera mas sencilla y literal.
Debemos leerla con la primicia de que la Biblia se interpreta a sí misma y no es de interpretación privada. Pues si fuera así, cada uno pudiera interpretarla a su manera y dar el significado que mas le convenga. Lo que debemos intentar entender es lo que el Autor de la Biblia, Dios, quiere decir. Por esto Dios nos dice en La Biblia, a través de Pedro:

2 Pedro 1:20-21
20 Pero ante todo entended que ninguna profecía de la Escritura es de interpretación privada,

21 porque nunca la profecía fue traída por voluntad humana, sino que los santos hombres de Dios hablaron siendo inspirados por el Espíritu Santo.

Precisamente porque los seres humanos equivocadamente la han hecho de interpretación privada es que existe tanta confusión en el mundo.
Cada uno de estos grupos les dieron sus interpretaciones personales:

1) Los católicos.
2) Los testigos de Jehová.
3) Los mormones.
4) Los musulmanes.
5) Los judíos, etc., etc., etc.

¿Entonces, cómo podemos saber la interpretación correcta de La Biblia?
"La Biblia debe de ser interpretada por la Biblia," ya que es lo único que tenemos con certeza de que es dada por Dios.

Para esto debemos de creer sin lugar a dudas que fue "dictada" por Dios, a través de Su Espíritu Santo a los hombres.
Si es de Dios, entonces debemos creer lo que dice en su forma más natural y literal.
Basado en este principio de Hermenéutica Literal, Dios nos dice que busquemos dos o más testigos para resolver un asunto.

2 Corintios 13:1
Esta tercera vez voy a vosotros. En la boca de <u>dos o tres testigos consistirá todo negocio.</u>

Hay 66 libros para buscar los dos o tres testigos y establecer sin contradicción, ni interpretación privada lo que Dios nos esta tratando de decir en Su Palabra.

Además, hay siete requisitos para poder entender La Palabra de Dios.
El Padre Celestial, para proteger a sus hijos, hizo imposible que cualquier persona, o entidad pueda entender Las Sagradas Escrituras. Sólo reciben entendimiento aquellos que han nacido de Su espíritu y libremente se someten a la Señoría de Jesucristo a través de Su Palabra.

Siete requisitos para entender la Biblia:

1. Primero, debemos tener el Espíritu Santo en nuestros corazones, no sólo conocimiento en nuestro cerebro. Debemos haber nacido una segunda vez; del Espíritu de Dios esta segunda vez.

Job 32:8
No obstante, es el Espíritu en el hombre, el soplo del Todopoderoso, que le hace entender.

Juan 3:7-8
No te maravilles de que te dije: "Os es necesario nacer de nuevo".
El viento sopla de donde quiere, y oyes su sonido; pero no sabes ni de dónde viene ni a dónde va. Así es todo aquel que ha nacido del Espíritu.

2. Antes de leer la Palabra diaria, debemos orar al Padre, a través de su hijo, Jesucristo, para que envíe al Espíritu Santo a darnos entendimiento:

Salmo 119:27
Hazme entender el camino de tus ordenanzas, y meditaré en tus maravillas.

Lucas 24:44-45;
Y les dijo: --Estas son las palabras que os hablé, estando aún con vosotros: que era necesario que se cumpliesen todas estas cosas que están escritas de Mí en la Ley de Moisés, en los Profetas y en los Salmos.
Entonces les abrió el entendimiento para que comprendiesen las Escrituras,

Juan 14:26
Pero el Consolador, el Espíritu Santo, que el Padre Enviará en mi nombre, él os Enseñará todas las cosas y os hará recordar todo lo que yo os he dicho.

3. Busque a Dios sobre todos las cosas y entenderá Su Palabra. Su interés debe ser Dios, no la abundancia, fama, gloria, o idolatría.

Jeremías 29:13
Me buscaréis y me hallaréis, porque me buscaréis con todo vuestro corazón.

Salmo 14:2
Jehová miró desde los cielos sobre los hijos del hombre para ver si había algún sensato que buscara a Dios.

4. Humildad. Humíllese ante Dios al leer Su Palabra.

Daniel 10:12
Y me dijo: --Daniel, no temas, porque tus palabras han sido oídas desde el primer día que dedicaste tu corazón a entender y a humillarte en presencia de tu Dios. Yo he venido a causa de tus palabras.

5. Disciplina: haga el tiempo diario para leer La Biblia y gozar de Dios, para ser alimentado por El, así que podamos crecer fuertes espiritualmente. También, cuando usted lee la Palabra de Dios, tenga la disciplina de ir a otros libros en la Biblia a entender sus significados, ("Referencias recíprocas").

Mateo 4:4;
Pero él respondió y dijo: --Escrito está: No sólo de pan vivirá el hombre, sino de toda palabra que sale de la boca de Dios.

Mateo 24:15.
Por tanto, cuando veáis establecida en el lugar santo la abominación desoladora, de la cual habló el profeta Daniel (el que lee, entienda),

6. Atienda o escuche conferencias de la Biblia. Dios nos ayuda a entender ciertos pasajes bíblicos a través de algunos hombres que estudian Su Palabra. Más usted no debe olvidar llevar su Biblia y de comprobar que la enseñanza del profesor verdaderamente se encuentra en la Palabra de Dios. No es lo que dice la religión del hombre, es lo que dice Dios.

Nehemías 8:8-9.
Ellos leían en el libro de la Ley de Dios, explicando y aclarando el sentido, de modo que entendiesen la lectura.
Nehemías, que era el gobernador, el sacerdote y escriba Esdras y los levitas que enseñaban al pueblo decían a todo el pueblo...

Hechos 17:11
Estos eran más nobles que los de Tesalónica, pues recibieron la palabra ávidamente, escudriñando cada día las Escrituras para verificar si estas cosas eran así.

7. No podrá entender la Biblia si usted vive en pecado.

Daniel 12:10
Muchos serán limpiados, emblanquecidos y purificados; pero los impíos obrarán impíamente, y ninguno de ellos entenderá. Pero los sabios, sí entenderán.

Colosenses 3:5-8
Por lo tanto, haced morir lo terrenal en vuestros miembros: fornicación, impureza, bajas pasiones, malos deseos y la avaricia, que es idolatría. A causa de estas cosas viene la ira de Dios sobre los rebeldes. En ellas anduvisteis también vosotros en otro tiempo cuando vivíais entre ellos. Pero ahora, dejad también vosotros todas estas cosas: ira, enojo, malicia, blasfemia y palabras groseras de vuestra boca. No mintáis los unos a los otros;

porque os habéis despojado del viejo hombre con sus prácticas, y os habéis vestido del nuevo, el cual se renueva para un pleno conocimiento, conforme a la imagen de aquel que lo creó.

Apéndice
B

¿Cuál Jesús de Nazareth?

1) ¿Jesús de Nazareth de los musulmanes?
Para ellos Jesús fue un gran profeta, la palabra de Alá su dios; mas no el hijo de Dios. Jesús tampoco murió en la cruz para pagar por los pecados de nadie y por supuesto, no resucitó. Alá simplemente se lo llevó antes de que muriera. Según ellos, quien murió en la cruz fue Judas, ya que hubo una "transfiguración" y el cuerpo de Jesús fue transformado en Judas en la cruz. Aunque ellos creen que Jesús de Nazareth vendrá de nuevo, lo hará en una posición inferior a Mahoma.
Sin lugar a dudas este no es Jesucristo.

2) ¿El Jesús de Nazareth de los hindúes y los budistas?
Para ellos Jesús fue un gran hombre, un gran profesor rechazado por la humanidad.

3) ¿El Jesús de Nazareth de los Testigos de Jehová?
Para ellos Jesús era el ángel Miguel, no es Dios.

4) ¿El Jesús de Nazareth de los mormones?
Para ellos Jesús es uno de los dioses y nosotros también llegaremos a ser uno de ellos.

5) ¿El Jesús de Nazareth de los católicos romanos?
Para ellos Jesús es Dios y pagó por nuestros pecados... pero no por completo.
No es Jesús de Nazareth solamente. Es Jesús más un rosario por aquí, más los 7 sacramentos por allá, más nuestras obras, más las oraciones de los que quedaron vivos en la tierra por los muertos, más el papa, más la iglesia Católica Romana etc.
Jesús muere todos los días en la misa y Su cuerpo es transfigurado en la hostia y Su sangre es derramada en el vino. Aunque el Jesús de Nazareth Bíblico dijo a través de Pablo que Su muerte era una vez y para siempre para el perdón de todos los pecados.

> **Hebreos 7:22-28**
> **De igual manera, Jesús ha sido hecho fiador de un pacto superior.**
> **A la verdad, muchos fueron hechos sacerdotes, porque debido a la muerte no Podían permanecer.**
> **Pero éste, porque permanece para siempre, tiene un sacerdocio perpetuo.**
> **Por esto también puede salvar por completo a los**

que por medio de él se acercan a Dios, puesto que vive para siempre para interceder por ellos.
Porque tal sumo sacerdote nos Convenía: santo, inocente, puro, apartado de los pecadores y exaltado Más Allá de los cielos.
El no tiene cada Día la necesidad, como los otros sumos sacerdotes, de ofrecer sacrificios, primero por sus propios pecados y luego por los del pueblo; porque esto lo hizo <u>una vez para siempre</u>, ofreciéndose a Sí mismo.
La ley constituye como sumos sacerdotes a hombres débiles; pero la palabra del juramento, posterior a la ley, constituyó al Hijo, hecho perfecto para siempre.

También mantienen a Jesús con Su cuerpo en la cruz, aunque ya El resucitó y no esta allí. Tienen a Jesús como un bebé en los brazos de María, y hará todo lo que María le diga...
Perdóname si al leer esto te trae tristeza... El Señor habiéndome sacado de allí me da entendimiento de lo que sientes... Mas El quiere que todo el mundo sepa La Verdad.

6) ¿El Jesús de Nazareth de los judíos?
Ellos no creen que Jesús es el Mesías prometido, tampoco que es el Hijo de Dios. Los religiosos del Judaísmo mantienen las escrituras del Viejo Testamento alejadas del pueblo, de los judíos normales y corrientes. Si leyeran todas las Sagradas Escrituras de La Torá, sus profetas, sus Salmos y sus libros de historia, entonces no les quedaría en duda que Jesús cumple todas las profecías dadas como Mesías e hijo de Dios, incluyendo que su venida sería en dos partes, la primera para pagar la deuda que tiene la humanidad y la segunda como Rey de Reyes.

7) ¿El Jesús de Nazareth Bíblico?

La Biblia dice:

-Jesús es Dios:

Isaías 9:6 Nos habla proféticamente diciendo:

> **Porque un niño nos ha nacido,**
> **hijo nos ha sido dado,**
> **y el principado sobre su hombro.**
> **Se llamará su nombre**
> **"Admirable consejero", "Dios fuerte",**
> **"Padre eterno", "Príncipe de paz".**

- Jesús sufriría y moriría pagando por nuestros pecados (sigue la profecía).

Isaías 53:5

> **Mas él fue herido por nuestras rebeliones,**
> **molido por nuestros pecados.**
> **Por darnos la paz, cayó sobre él el castigo,**
> **y por sus llagas fuimos nosotros curados.**

-Jesús resucitaría, ascendería al cielo a preparar una morada para que todo aquel que creyera en El viviera con Dios eternamente. También El volverá a la tierra otra vez:

Juan 14:2-3

> **En la casa de mi Padre muchas moradas hay; si así no fuera, yo os lo hubiera dicho; voy, pues, a preparar lugar para vosotros.**
> **Y si me voy y os preparo lugar, vendré otra vez y os tomaré a mí mismo, para que donde yo esté, vosotros también estéis.**

El dijo en el Evangelio de San Juan, que si verdaderamente eres Su discípulo, tienes que vivir en Su Palabra...

Juan 8:31-32

> **Por tanto, Jesús decía a los judíos que habían creído en él: --Si vosotros permanecéis en mi palabra, seréis verdaderamente mis discípulos;
> y conoceréis la verdad, y la verdad os hará libres.**

¿Y cuál es Su Palabra? ... La Biblia... ¿Cómo puedes permanecer en Su Palabra si no la has leído toda? Recuerda que el Jesucristo Bíblico es Dios envestido en carne humana y siempre ha existido como Dios...Dice que toda Las Sagradas Escrituras fueron exhaladas por Dios. (Griego = Theopneustos = Exhaladas por Dios = inspiradas)

2 Timoteo 3:16-17

> **Toda la Escritura es inspirada por Dios y es útil para la enseñanza, para la reprensión, para la corrección, para la instrucción en justicia,
> a fin de que el hombre de Dios sea perfecto, enteramente capacitado para toda buena obra.**

Nota biográfica del autor:

Georgina Chan Perdomo nació en Caracas Venezuela en el año 1955.

Estudió medicina con su esposo Alex C. Perdomo en La Republica Dominicana, ambos graduándose en 1980. Cursaron sus internados de Medicina Interna en Wayne State University, Detroit Michigan, USA desde 1981-1982.

La pareja cursó durante 1989-1992, el postgrado de Medicina Familiar en Hennepin County Medical Center, asociado a la Universidad de Minnesota.

Los Drs. Perdomo trabajan en práctica privada en Ocoee, Florida desde el año 1994.

Papá Dios les dio tres hijos y cuatro nietos: Gabriel casado con Dawn Backhus y bendecidos con tres hijos, Isabel, Melina y Noah. Melisa casada con Robert Roy y bendecidos con una linda bebé, Sofía. Finalmente Katerina que cursa actualmente el sexto grado elemental.

Gemelka@aol.com

www.ingramcontent.com/pod-product-compliance
Ingram Content Group UK Ltd.
Pitfield, Milton Keynes, MK11 3LW, UK
UKHW020142250726
13967UKWH00002B/818

9 781425 153861